T0277926

# ЗИМОВИЙ КОРОЛЬ

# WINTER KING

# ЗИМОВИЙ КОРОЛЬ

*вірші*
## Остап Сливинський

*з української переклали*
## Віталій Чернецький *та* Ірина Шувалова

ВИДАВНИЦТВО ЛОСТ ГОРС
Ліберті Лейк, Вашингтон

# WINTER KING

*poems*
**Ostap Slyvynsky**

*translated from the Ukrainian by*
Vitaly Chernetsky *and* Iryna Shuvalova

LOST HORSE PRESS
Liberty Lake, Washington

# Acknowledgments

The translators wish to thank Ostap Slyvynsky for his support throughout their work on the book and for answering their myriad questions with a kindness that is part and parcel of both his writing and his way of being. We are also deeply grateful to Grace Mahoney and Christine Holbert at Lost Horse Press for their encouragement and commitment to the project. Vitaly Chernetsky's translations of "Sphere," "We Drove Through a City . . ." and "And What Shall We Do About Hope? . . ." were first published in *St. Petersburg Review*, No. 7 (2015).

*Series Editor:* Grace Mahoney

*Cover Art:* "Self Portrait" Les Panchyshyn (lespanchyshyn.com)
*Photo of Ostap Slyvynksy:* Valentyn Kuzan
*Photo of Vitaly Chernetsky:* From personal archive
*Photo of Iryna Shuvalova:* From personal archive

*Book Design*: Christine Lysnewycz Holbert

FIRST EDITION

This and other fine Lost Horse Press titles may be viewed on our website at www.losthorsepress.org.

Cataloging-in-Publication Data may be obtained from the Library of Congress.
ISBN 979-8-9865715-5-3

LOST HORSE PRESS
CONTEMPORARY UKRAINIAN
POETRY SERIES

*Volume Fourteen*

# Зміст

# Table of Contents

**From the book of poems *Adam***

**From the book of poems *The Ball in the Darkness***

### Нові вірші

## New Poems

## *Передмова перекладачів*

Ми РАДІ ПРЕДСТАВИТИ англомовному читачеві цю збірку поезій Остапа Сливинського. Хтось із вас, можливо, вже знайомий з його творчістю через публікації в журналах та антологіях, або чув про його активну культурно-просвітницьку роботу, особливо після повномасштабного вторгнення Росії в Україну. Мова, зокрема, й про невтомну роботу Сливинського на посаді віце-президента Українського ПЕН-клубу, і про впорядковану ним важливу збірку свідчень під назвою «Словник війни», що незабаром вийде друком англійською мовою. Загалом, Остап Сливинський, що народився 1978 року у Львові, вже понад чверть століття є ключовою фігурою на українській літературній сцені, причому в кількох взаємопов'язаних іпостасях.

Сливинський є впливовим поетом, попри свій відносно незначний за обсягом поетичний доробок. Він є автором п'яти невеликих збірок, перша з яких вийшла друком 1998 року. В нашій книжці повністю відтворено збірку поета «Зимовий король» 2018 року видання, до якої увійшли як нові вірші, так і вибрані тексти з двох попередніх збірок. Ми додали до вибірки й кілька найновіших віршів, написаних автором відтоді. Сливинський пише стримано, але потужно; на кожну його книгу чекають із нетерпінням, а збірку 2018 року було визнано однією з найважливіших літературних подій року в Україні.

Сливинський народився в сім'ї музикантів, і хоча сам не займався музикою, у своїх віршах він виявляє дивовижну тонкість і чутливість до нюансів, подібну до тієї, що притаманна саме музичним віртуозам. Ця чутливість добре підготувала поета до того, щоб у своїх текстах висвітлювати непростий історичний контекст України та ширшого регіону. Поезія Сливинського глибоко вкорінена в історію, в тому числі в історію його родини, але при цьому він завжди тлумачить історичні події через життя окремих людей. Його тексти сповнені різноманітних голосів – яскравих, сильних спогадів, ословлених прямо і відверто. Зважаючи на ерудованість та начитаність

# Translators' Preface

WE ARE EXCITED TO SHARE with the English-language readership this volume of poetry by Ostap Slyvynsky. Some of you may already be familiar with his writing through publications in journals and anthologies, or have heard about his activism, especially since the beginning of Russia's full-scale invasion of Ukraine, which includes his tireless work as the current Vice President of PEN Ukraine and a remarkable collection of experiential testimonies he compiled, titled *Dictionary of War*, which will soon be appearing in English as well. Born in 1978 in Lviv, Ostap Slyvynsky has been a key presence on the Ukrainian literary scene for more than a quarter century, in several interlinked roles.

As a poet, his output has been relatively small, consisting of five slim collections, the first published in 1998. This book presents in its entirety his 2018 poetry book *Zymovyi korol'*, which includes both new poems and selections from two earlier collections. We have also added a few of the more recent poems composed since then. Slyvynsky writes sparingly but powerfully; each of his books is eagerly awaited, and the 2018 volume was recognized as one of the most important literary events of that year in Ukraine.

Born into a family of music professionals, Slyvynsky, although not a music practitioner himself, reveals remarkable nuance and subtlety in his poems, to an extent frequently associated with virtuoso musicians. His sensitivity prepared him well to tackle the complexities of Ukraine's—and the broader region's—history in his writing. His poetry is deeply rooted in history, including his family's history, but it always reads history through stories of individual human beings. His texts are full of diverse voices, of candidly shared vivid, powerful memories. Highly erudite and well-read, Slyvynsky is also an acclaimed and experienced translator, and here the volume and range of his output is truly astonishing, as it includes sprawling, massive novels by the recent Nobel Prize winner Olga Tokarczuk from Poland and the slimmer but no less playful and subversive ones by Bulgaria's Georgi Gospodinov, the most recent winner of the International Booker Prize. It also includes poetry—yes, Polish and Bulgarian too, but also anglophone,

Сливинського, не дивно, що він є ще й досвідченим і визнаним перекладачем. Обсяг і діапазон його перекладацького доробку справді вражає, адже він включає як розлогі, об'ємні романи нещодавньої польської лауреатки Нобелівської премії Ольги Токарчук, так і тонші, але не менш вигадливі й провокативні романи болгарина Ґеорґія Ґосподінова, найновішого лауреата Міжнародної Букерівської премії. В перекладацькому доробку Сливинського є й поезія – звісно, польська та болгарська, але також і англомовна, зокрема Вільяма Карлоса Вільямса, Дерека Волкотта, Чарльза Сіміка та Роберта Блая. Промовиста і його тема докторської дисертації, присвячена ролі тиші в літературних текстах. Як композитор, що вміє стратегічно використовувати паузи, аби виразніше підкреслити звучання, Сливинський у своїх віршах теж майстерно вдається до багатозначних мовчання, яким помережано напозір розрізнені розмови та монологи персонажів, на які така багата його поезія.

Але попри всю свою віртуозну вибагливість, вірші Сливинського не є складними до сприйняття: краса і людяність незмінно слугують надійними провідниками у світ його поезії. Ці тексти нерідко емоційні, особливо коли відтворюють дитяче інтуїтивне відчуття (не)справедливості, побачене критичними очима дорослого. Ці замальовки з дитинства набувають нових несподіваних вимірів, коли накладаються на інші голоси: спогади тих, хто вижив, оповіді про травму війни та часто парадоксальні способи її вербалізації. Зрештою, саме присутність божественної іскри у повсякденних речах і в усіх людях є лейтмотивом поезії Сливинського. Його вірші рясніють запитаннями – і ці питання не риторичні. Радше, вони слугують водночас закликом і викликом для нас, читачів, увійти в простір вірша; запрошенням до розмови, або, можливо, навіть тестом на спроможність співпереживати. Сливинський – не лише поет, тексти якого спроможні й зачепити, і зворушити. Він є активним учасником та організатором культурних подій, справжнім культуртреґером у найкращому сенсі цього слова. Серед його досягнень – роль співорганізатора та координатора багатьох літературних фестива-

notably William Carlos Williams, Derek Walcott, Charles Simic, and Robert Bly. Also telling is the topic of his Ph.D. dissertation, which focused on the uses of silence in literary texts—like a composer who knows how to use silences strategically to make the sounds stand out stronger, Slyvynsky in his poems too masterfully introduces pregnant silences in the characters' seemingly disjointed conversations and monologues that populate his poetry.

Yet for all their virtuoso complexity, his poems are also highly accessible: beauty and humanity consistently serve as gateways into his poetry. They often brim with emotional intensity, especially in accounts of children's intuitive sense of (in)justice that are refracted through the eyes of a critically recollecting adult. Those poems then acquire new unexpected dimensions when juxtaposed with others, containing survivors' accounts of war trauma and the often paradoxical ways in which it is verbalized. Ultimately, it is the presence of the divine spark in everyday things and in all people that runs as the leitmotif of Slyvynsky's poetry. His poems abound in questions—and they are not rhetorical, they are an invitation and a challenge to us to enter the poem's space—a dialogic interpellation, or perhaps even a test for empathy.

Generous and moving in his poetry writing, Ostap Slyvynsky is also a dedicated activist and cultural manager, indeed a Kulturträger in the best possible sense. He has served as a co-organizer and event coordinator at multiple literary festivals, including the one at the Lviv Publishers' Forum, arguably Ukraine's most important book fair. He is a past editor of the international (German-Polish-Ukrainian) literary journal *Radar* and worked on the editorial teams of several other journals, served on prize juries, and facilitated countless cultural events. Slyvynsky's response to both the Revolution of Dignity and the ideals it represented, and then to Russia's aggression against Ukraine unleashed soon thereafter, was immediate and impactful. His efforts at raising global cultural awareness and helping amplify diverse Ukrainian voices only redoubled in intensity after the start of the full-scale invasion in February 2022, and it has found much-deserved admiration and meaningful support in the global literary community. Among its

лів, у тому числі Львівського форуму видавців: мабуть, чи не найважливішого книжкового ярмарку України. В минулому Сливинський також був редактором міжнародного (німецько-польсько-українського) літературного журналу «Радар», працював у редакціях кількох інших журналів, суддював у журі літературних премій та організовував численні культурні заходи. Сливинський гостро відреагував на Революцію Гідності 2013-14 років, а невдовзі по тому й на агресію Росії проти України. І те, й інше позначилося на його письмі, а голос поета став одним із найбільш впливових у цьому контексті. Після повномасштабного вторгнення в лютому 2022 року, він подвоїв свої зусилля, спрямовані на підвищення глобальної культурної обізнаності та на зростання впізнаваності розмаїтих голосів з України. Світова літературна спільнота відреагувала на зусилля Сливинського в цьому напрямку заслуженим захопленням та посутньою підтримкою. Серед його останніх проєктів – потужна поетична антологія «Поміж сирен», яку поет упорядкував як представник Українського ПЕН-клубу.

Роль Сливинського як поета, перекладача та культурного діяча в царині літератури знайшла продовження і в його академічній роботі. Він викладає у Львівському національному університеті імені Івана Франка, де спеціалізується на польській літературі та теорії літератури. Можна тільки позаздрити його студентам, які працюючи з таким викладачем, отримують змогу торкнутися потаємного, чи то навіть магічного, світу справжньої літератури. Ми сподіваємося, що наші переклади допоможуть вам, дорогі читачі, і собі відчуття відлуння магії, якою сповнені вірші Остапа Сливинського.

most recent outcomes is a powerful poetry anthology titled *Pomizh syren (Among the Sirens)*, which he edited on behalf of PEN Ukraine.

Slyvynsky's roles as a poet, translator, and literary activist also find continuation in his academic work. A professor at the Ivan Franko National University in Lviv, he teaches Polish literature and literary theory, and we envy his students the encounters with the mystery and magic of true literature that he undoubtedly presents in the classroom. We hope that our translations help you, dear readers, sense some of that magic as it happens in his poems.

• • •

Мова, яку інші вважають
примхою, впертістю,
навмисністю, ексцентричністю, –
ніби хапаєш кухонний ніж,
коли всі чемно беруть виделки,
і шматуєш ним спільну тему,
аж доки з неї не бризне кров.
Не я її вибрав, – кажу, –
повірте, мене з дитинства годували
з цього ножа,
я звик так їсти,
я не можу без крові, я знаю,
вона є в усьому, чи про музику говоримо,
чи про повітря,
я довго відтирав свою мову від крові,
і часом вона зовсім чиста, ніби нова,
ніби то не вона калічила мене у кишені,
ніби то не їй колись не встигли приробити руків'я,
а потім знову замахуюсь надто сильно,
аж до крові і пустки всередині,
і стає вже запізно
– завжди запізно –
просити пробачення.

• • •

The language others consider
whimsical, obstinate,
intentional, eccentric—
as if you grabbed a kitchen knife
when everyone politely reached for a fork,
and you chop with it the shared topic
until blood spurts from it.
It wasn't me who chose it, I say—
believe me, since childhood they fed me
with this knife,
I am used to eating like this,
I can't do without blood, I know
that it is in everything, whether we talk about music
or about air,
I persistently wiped the blood off my language
and at times it is completely clean, like new—
as if it did not stab me from a pocket
as if it wasn't the one to which they forgot to add a safe handle—
and then I again swing it too hard,
all the way to blood and emptiness on the inside,
and it becomes far too late
—always far too late—
to ask for forgiveness.

VC

*Зимовий король*

*Winter King*

## Орфей

Насправді ця історія
має передісторію, і вона –
про малого, який боявся води.
Але йшов з усіма на берег і видряпувався
на довгий камінь,
і коли хлопці стрибали у море, він залишався
стояти там, худий і розгублений,
і дивився, як віддаляються
голови у віялах бризок,
сподіваючись лише на одне –
що жодна з них не озирнеться.
А далі рушав до ближніх
будинків, стинаючи від безсилля
голови чортополохів,
інакший, ніж усі тут –
подібний на мідну струну, випадково
вплетену в кошик.
Ти знаєш цього малого?
Знаєш, у яку мить
зі злості виходить музика, ніби метелик
із перемерзлого кокона?
Знаєш, де він був до самого ранку, коли
батьки знайшли його у траві, спітнілого,
із зціпленими зубами?
І ще скажи: скільки злості може бути у вірші?
Саме стільки, щоб
заглушити сирен?

## Orpheus

In truth, this story
has its backstory, the one about
a kid who had a fear of water.
Yet, he would still go to the shore with all of them,
climb onto a long stone,
but when the boys jumped into the sea, he remained
standing there, skinny and dazed,
watching their heads grow distant
framed by radiating splashes,
hoping for one thing only—
that not a single one should look back.
Then, he would walk back to the nearby
houses, lopping off the thistles' heads
out of impotence,
          different from everyone else here—
like a copper string, accidentally woven
into a basket.
          Do you know that kid?
Do you know, at what point
anger turns into music, like a butterfly
climbing out of a freezing cocoon?
Do you know where he was until morning, when
his parents found him in the grass, sweat-drenched,
his teeth grinding?
And tell me, too: how much anger can a poem contain?
Would it be just the right amount
to silence the sirens?

IS

• • •

З ріки ще добу не можна брати води.
П'ємо вологу, яка скраплюється від нашого подиху.
Абсолютні тіла, тіла ангелів без входу
і виходу, зчеплені в танці, до якого ніхто не грає.
Хто знає, як тобі буде над прірвою або на підмоклій вже палубі?
Може, шкодуватимеш, що так рідко
зривався в дорогу, не попрощавшись,
що не приїжджав,
нікому не подзвонивши, раптово, удосвіта? Що ніколи
не напивався на людях, не дозволяв собі
бути смішним,
бо хто не буває смішним, той не мав би сміятися.
Що хотів мати те, на що варто просто дивитися?
Що гадав, ніби слова мусять знайти свої речі, подяка — адресу,
мовчання — причину?

Двоє чужих дітей граються з великим собакою,
і ми милуємось ними, аж доки спадає ніч.

• • •

We can't use water from this river for another 24 hours.
Instead, we drink the drops of our condensed breaths.
Absolute bodies, angels' bodies without entrance
or exit, locked in a dance with no music.
Who knows what it will feel like for you
on the edge of a precipice or on a flooding deck of a ship?
Perhaps, you will regret foregoing farewells so rarely
before hitting the road,
or never turning up suddenly, at daybreak, without calling?
Will you regret never getting drunk in public, nor letting yourself
be laughable,
for those who are never laughable, ought not to laugh?
Wanting to own something that you should simply behold?
Thinking that words must find their things, gratitude—its addressee,
silence—its reason?

Two children we don't know are playing with a large dog,
And we marvel at them until the night falls.

IS

27

## Історії

**1**

Неправда, я був тоді з ними.

Тепер я це добре пригадую.
Я допомагав кришити цеглину
й розмішував її у воді.
То була кава для наших дроздів – ми
додали ще трохи трави,
їм мало посмакувати. (Любов
у п'ять років нагадує неписьменного,
який гадає, ніби вся штука у тому,
щоб правильно тримати перо.)
Дрозди стрибали поблизу, нахиляючи
голівки з цікавістю, але
жоден з них не наближався.
Ми розуміли, що з кавою щось не так.
Угорі хтось плеснув у долоні, з гілки
зірвались чужі птахи.
Треба було куштувати, але
бракувало відважних.
І тоді ми згадали про найменшого з нас,
Вадика чи Віталіка,
від якого у пам'яті замість імені –
лише мовчазність і криво підрізана гривка.
Він не пручався, майже. Після
перших розлитих крапель пив
дрібними ковтками буру мутну
рідину. Нарешті нам стало лячно,
ми побігли за ріг і лише визирали. Він
міг утікати чи принаймні відкласти

## *Stories*

**1**

That's not true. I was with them that day.

Now, I recall it clearly.
I helped them crush the brick
and mix it with the water.
That would be coffee for our blackbirds—we
added a bit of shredded grass,
so that it would taste better. (Love
at the age of five is like someone illiterate
thinking that, perhaps, holding the pen properly
does the trick.)
Blackbirds hopped about, tilting
their small heads, intrigued, but
not one approached.
We realized that something was wrong with our coffee.
Someone clapped their hands above, so that
The rest of the birds soared from the branches.
The coffee had to be tasted,
yet no one could summon their courage.
That's when we remembered the youngest among us,
Vadyk or Vitalik,
all that's left in my memory, instead of a name,
is his quietness and his bangs, cut unevenly.
He did not resist, or barely resisted. After
spilling the first few drops, he drank
the murky brown liquid in small gulps.
Finally, we got scared.
We ran around the corner and from there, only peeked at him. He
could now skip or at least put away

заболочену банку, але пив і пив.
І, тільки випивши майже все, почав плакати.

Ось чаша, ось я – ще нерозумніший,
ніж тоді. Дивлюсь,
як у мій бік летить камінь
з туманного берега.


**2**
Тепла, але невідлучна від морозної ночі,
ніби руків'я від свого ножа.
Тіло –
її ніжне посольство.
Держава ж її – темні двори,
де можуть і вбити чужого.
                    Я знаю,
я дозволяю половині її обличчя жити у темряві,
не пересуваю лампу.
І не питаю,
                    а вона сама починає розповідати.
Малий її прокидається,
ніби збивається з ритму сну.
        «Чотири доби, –
каже вона. – Тоді ми найдовше
не піднімались нагору.
На третій день – або ніч – закінчились свічки,
і я стала пригадувати,
                    навмисно,
нічого конкретного,
просто вікно у кімнаті. Якийсь
день, який не почався
і не закінчився.

the mud-caked can, but he drank on and on.
And only after drinking it all up, did he begin to cry.

Here is the chalice, and here I am—more ignorant
than back then. I watch a stone
fly towards me,
thrown from a misted-over shore.


**2**
She's warm, yet inseparable from this freezing night,
Like a knife's handle from its knife.
Her body
is her tender embassy,
but her domain is a web of dark alleys
where a stranger might be done away with.
                    I know this,
I let half of her face live on in the darkness,
I will not move the lamp.
I don't ask her,
                    and yet she starts telling me, herself.
Her child wakes up,
as if the rhythm of his sleep got broken.
                    'Four days,'
she says. 'That was the longest we spent without climbing out.
On the third day or night, we ran out of candles,
and I began to imagine,
                    on purpose,
nothing in particular,
just a window in the room. Some day,
not yet begun and not yet ended.

Вечір, коли йдеш до сну,
вимикаєш світло і знаєш, що в темряві
цвітуть дерева і полюють нічні птахи.
Ранок,
        коли дрімаєш навстоячки, а каша ніяк не кипить.
І, може, всі ці роки
монотонного прокидання, коли нічого не діється,
нам призначені,
        щоби ми,
ніби камінь,
що довго лежить на сонці і набирає тепла,
однієї поганої ночі
        зігріли чиюсь щоку?»

**3**

Вибач, я думав, тут нікого нема,
і співав.
Кажуть, цю колискову співала ще Єва
своєму первістку Каїну, вона ні про що.
Про те, як хлопчик побачив сусідську
дівчинку з повітряним змієм
і закохався, мабуть.
Цілу ніч перекидався в ліжку,
боровся з серцем своїм, ніби з дурним кошеням,
моргав і сопів,
а на світанку кинув за паркан головешку.
Таке, старозавітні справи.
Даруй, якщо розбудив тебе.
Я трохи здичавів у цій нескінченній дорозі.

An evening, when you go to sleep,
and turn off the light knowing that in the darkness,
the trees are blooming and the night birds are hunting.
A morning,
when you are nodding off on your feet, and still the porridge
    won't boil.
And perhaps, all these years
of waking up monotonously, of nothing happening,
are meant for us,
                so that we
could be like a stone
that grows warm by lying in the sun for a long time,
before warming someone's cheek
on a particularly bad night?'


**3**

Sorry, I thought no one was here,
so I was singing.
They say even Eve sang this lullaby
to Cain, her firstborn. Its words have no meaning.
It's but a story of a boy who saw
a neighbor's girl with a kite
and probably fell in love.
All night long, he tossed in his bed,
fighting his heart like one fights a witless kitten,
he blinked and sniffed,
then at dawn, threw a piece of burning wood
across their fence.
So it goes. The Old Testament stuff.
Forgive me if I woke you.
I have grown a little wild on this endless journey.

IS

### Три хайку

Тривожні часи.
Я не впізнаю взуття,
що стоїть на ґанку.


•


Я не знаю, де
її водила осінь.
Віддала в сльозах.


•


Цілий рік мовчав.
Її мовою умів
лише слухати.

## Three Haiku

Troublesome times.
I don't recognize the boots
left standing on the porch.

•

I don't know where
autumn wondered with her.
Brought her back in tears.

•

I was silent all year.
In her language,
I only knew how to listen.

IS

# Любов

## 1

Таке поколювання,
ніби теплий фаянс
береш перемерзлою рукою,

або тіло, затерпле зі сну,
переходить кімнату,
ще трохи кульгаве
і всміхнене.

Таке поколювання,
як тоді, коли батька
чомусь не голили вже кілька діб,
а він лежав,
ніби
солоний і перегрітий камінь,
і обіймав нас по черзі.

Таке поколювання, ніби
довго несеш ялинку крізь туге
від морозу повітря,
і знаєш, що хтось,
між людей,
вколисаних Найсвятішою Звісткою,
все ж чекає, не спить.

## *Love*

### 1

A prickling feeling,
like when you touch a warm cup
with a very cold hand,

or when a body, stiff from sleep,
crosses the room,
                still a little wobbly
yet smiling.

A kind of prickling,
like when your father,
whom, for some reason, they had not shaved for a few days,
lay,
      as
a salty overheated stone lies,
and hugged us one by one.

A kind of prickling,
like when you carry a Christmas tree
through the air tightened with frost,
knowing that
              among all the people
lulled to sleep by the Most Sacred of Messages
one is awake and waiting.

IS

## 2

Любов
не обіцяє, не виправдовує,
не переконує, не слугує доказом,
не відвертає війну.
Хай іде.
Хай іде до цивільних,
хай іде до старих і дітей.
Хай іде до тварин.
Ще розплачеться в укритті.
Ще зрадить паспортні імена.
Ми покличемо, коли налаштуємо
мікрофон.
Коли запрацює наша радіостанція.
А доти
нам потрібні досвідчені фахівці,
чоловіки і жінки.
Це все.

**2**

Love
does not promise, does not acquit,
does not convince, does not serve as evidence,
does not prevent war.
Let it go.
Let it go to civilians,
let it go to old people and children.
Let it go to animals.
Or it might burst into tears in a bomb shelter.
Or it might betray our passport names.
We will call it back once we've set up
our mic.
Once our radio station starts running again.
Until then,
we need seasoned professionals,
men and women.
That's all.

IS

## Батько

І та дивна іграшка, його
подарунок: дерев'яний
меч, по якому
ще довго стікала живиця, –
ти пам'ятаєш?
Яка тугá голова в смерті, що
вона пропустила цей жарт!

А східці, видовбані в пологому схилі
для матері, яка
вже й не вставала з ліжка?
                    Чому хвороба
лишилась глухою до цієї
невинної магії, якою обернулася
вічна його непрактичність?

Ось ми в хмарі диму і гуркоту
в'їжджаємо в передпокої лісу,
а він, тримаючи однією рукою кермо,
показує в небі кречета.
                    Куди він зник того дня?
Як ми з братом довго чекали його і кликали,
чуючи, як слідом за нами з гущавини
гукає його хтось третій!
                    Чи ми, як і він, щось винесли з юності?
Якийсь знак, за яким знову зможемо в неї зайти
ненадовго? А яка була в нього перепустка?
Нічні гасання без фар, дерев'яні мечі,
плавання голяка в крижаній ще воді?

## Father

And that odd toy, his
gift: a wooden
sword, with pine resin
dripping down its side long after,
you remember?
How slow-witted death must be
to have missed that joke!

And those steps dug out in the low hillside
for our mother who
by that time never really got out of bed?
                        Why did her sickness
remain indifferent to that
innocent magic conjured up by him
who was always so impractical?

There we are, entering the forest's antechambers
in a cloud of smoke and rattle,
while he, grasping the steering wheel with one hand,
points out a gyrfalcon in the sky.
                        Where did he disappear that day?
How long my brother and I waited for him and called him,
hearing how from the wood's thickets
someone else repeated our call every time!
                Did we salvage anything from the days of our youth,
    like he did?
Some sort of sign to let us enter it again,
for a short while? And what was his pass?
Racing through the night with his headlights off, wooden swords,
swimming naked in ice-cold waters?

Були

й важчі часи, і були хвилини розради, були пробиті
баки, з яких витікали бензин і мастило, лишаючи
на землі свій незмивний підпис, були
діти його дітей, що знову командували прильотами
ангелів, і довге згасання мами, і дух її, що
піднімався схилом,

                і важка непочесна робота
на старість, і пам'ять, яка всьому помножує контури,
і повернення давніх звичок, по-старечому вперте і
життєрадісне, як-от рибалка до пізньої ночі,
коли сонячна куля все нижче, і тінь його,
задрімала над вудкою, доходить до самих наших
стіп, не дозволяючи

                ні заснути, ні зосередитись,
і був потім
раптовий спалах, коли батько вмикав світло у спальні,
під ранок прийшовши звідти, з-над вод,
розсміяний, із відром,
майже цілковито порожнім.

There were
tougher times, too, and the moments of consolation, there were
punctured fuel tanks leaking gas and oil, staining
the earth with their indelible signature, there were
the children of his children, conducting the arrival of angels
again, and our mother's long fading, and her spirit
walking up the hillside,
                              and hard thankless work
in his old age, and memory tracing new outlines over everything
      repeatedly,
and the return of his old habits, stubborn and joyful
as it happens in old age, such as fishing until late at night,
when the round sun sinks ever lower, and his shadow
dozing off over a fishing rod, reaching our very
feet, so that we can
                              neither sleep nor concentrate,
and there was, too,
a sudden bright flare, when father would turn on the lights
      in the bedroom,
having returned, in the early hours of the morning,
from there, from upon the waters,
laughing, with his bucket
almost completely empty.

IS

## *Закохані на велосипеді*

Вона їде на рамі, як пташка, що
ненадовго присіла на гілку, роздмухана і оперена,
з двома стуленими
колінцями, що шлють солодкі позивні
водіям зустрічних вантажівок.

Його бачимо невиразно, зате чути,
як фляга його постукує об сідло з кожним натисканням
педалей. Мугикає мелодійку,
з якого фронту він її привіз? Тут такої не знають.

Вона тримає у жмені лісові горіхи, частує його,
не обертаючись – точніше, підносить їх навмання, а він
ловить горіхи вустами, що нагадують
брунатну поторочену латку.

Назад, зі станції, вона їхатиме сама,
більше схожа на фігурку з паперу,
суха, рівна, двовимірна,
звикла вправлятися в цій любові, як у
добуванні обіду з нічого –
жменьки чаю і двох картоплин.
Буде їхати крізь перші удари дощу,
перемотуючи ногами засвічену плівку, безкінечний
порожній кадр, у якому він колись забігав до вітальні
й крутив її довго в обіймах.

От, пуста мова любові, що торгується із надією,
як одноногий стілець із пічкою: ще хоч до полудня
не чіпай, якщо вже не дано мені
пережити ніч.

## Lovers on a Bicycle

She rides on the handlebars of his bike, like a bird that
Alighted briefly on a branch, feathers ruffled,
Her knees, pressed tightly together,
Sending sweet signals
To the drivers of passing trucks.

Him we don't see clearly, but we hear
his flask hit the saddle
every time he pedals. He hums a melody.
What front did he bring it from? They don't sing this one here.

She has a handful of hazelnuts, and offers these to him;
without turning, she merely lifts one up, and he
catches it with his mouth
that is dark red, like a patch of ragged cloth.

Back from the station, she will ride alone,
Now looking more like a paper cut-out:
dry, straight, two-dimensional,
used to practice this love, just as she practices
making dinner out of nothing—
a pinch of tea and two potatoes.
She will ride through the first outbursts of rain,
rewinding with her legs an exposed film strip, a never-ending
empty frame where once he used to run into the living room
and swirl her around in a long embrace.

So, love, in its futile language, bargains with hope,
like a one-legged chair with a wood stove:
let me be, until this noon or so, even if I'm not
to last through the night.

IS

## Костик

«Якщо вже ти запитав,
то скажу: я уявляв собі Його, як умів,
бо де я міг Його бачити?
Був один образок, уже сильно затертий,
замоклий в шухляді під час однієї із повеней, коли
я тримався за шию собаки
і плив у глибоких сутінках.
Дехто ще Ним вітався, Ним відганяли худобу,
Він посвистував наді мною, як ремінь,
коли я вертався додому
з довгих вечірніх випрáв, подряпаний і дорослий.
Він міг бути пастухом, що вивалює чужі двері
пізньої ночі, наприклад.
Гадаєш, відтоді я чого-небудь навчився?

Сам, як останній двієчник, що прогулює школу
навіть в найгіршу зливу, чекаю
на залізничному переїзді
й дивлюся ніби крізь потяг, туди,
де щось зблискує в шпарах поміж вагонами,
                    дивлюсь невідривно, аж до нудоти, й коли
чорні цистерни
стають вже не більше, аніж дефектом зображення,
там, на іншому боці, нарешті бачу
Його лице:
освітлений луг, високі ялини в бородах мряки,
кілька променів,
що виграють на вустах води».

## Kostyk

'You've asked,
so I will tell you: I imagined Him the best I could,
for where could I see Him?
There was one image, already faded,
soaked in a drawer during one of the floods, when
I circled the dog's neck with my hands
and swam in the deep twilight.
Some folks still used His name in greetings
or to chase away the cattle,
He swooshed above me like a belt
when I walked home
from my long evening journeys, all covered with scratches
      and grown-up.
He could be, for example, a herdsman
kicking down someone's door in the middle of the night.
You think I have learned anything since?

Like the worst no-hoper, skipping school
even in the heaviest of rainstorms, I wait
at the railroad crossing
and look, as if through the train, there,
where something flashes in the spaces between the railcars,
      I watch unblinkingly, until I feel sick, and when
black tank cars become a mere defect of vision,
I finally see, there, on the other side,
His face:
a brightly lit meadow, tall firs bearded with drizzle,
a few rays of light
sparkling on the lips of water.'

IS

## Менший

Тут хтось приходив до тебе, тату.
Сказав, що наступного разу прийде не сам.
Його собака обнюхав мене, в нього був сухий і гарячий ніс,
може, він хворий?
Він пахнув горілим деревом, як у нашій старій коморі, де
Алінка перекинула лампу.
Той хтось придивлявся до мене.
Я його не боюся й не хочу, щоб ти боявся. У мене є меч.
Я знаю такі слова, які його відженуть, але зараз
не можу їх повторити, бо вони не розбирають, де чужі, де свої.
Я знаю багато тварин, які нас захистять.
Уві сні до мене приходив великий японець
і навчив мене битися. А ще під пахвою
у мене виросла спеціальна кнопка, але ти
не кажи нікому. Вона трохи болить.
Якщо переслідують, досить її натиснути — і щезаєш
раз і назавжди. Пообіцяй,
що не будеш з ним домовлятися, що
не підеш на ніяке призначене місце, не будеш
приймати від нього дарунків. Що навіть собаку його
не погладиш.
В усьому решта мудріший — ти.
Я бачу, як ми відчалюємо на дерев'яній баржі,
зарослій, як острів, і повній своїх стежок.
Попереду темрява, але в ній — якийсь тихохідний катер,
цигарка й штурвал. Хто там буксирує нас у цю тьму
й озирається, мабуть:
повіримо, не повіримо?

## *Junior*

Dad, you know, someone came to see you.
He said next time he won't come alone.
His dog sniffed me, its nose was hot and dry,
maybe it's sick?
He smelled of burnt wood, just as our old pantry smells
since Alinka turned over the lamp there.
That someone kept watching me closely.
I don't fear him, and neither should you. I have a sword.
I know the sort of words to scare him away, too, but for now,
I can't say them because they hit friend and foe alike.
I also know many animals who can protect us.
In my dream, a big Japanese guy came to me
and taught me how to fight. And besides, a special button
has grown in my armpit, just don't tell anyone. It hurts a bit.
If someone is chasing you, just press a button—and you disappear,
once and for all. Promise
not to start any talks with him, not to
meet at an agreed spot, not to
accept any of his gifts. Promise even
not to pet his dog.
As for everything else, you are the wiser one.
I see us leaving the shore on a wooden barge,
Overgrown like an island and crisscrossed with trails of its own.
There is darkness ahead, but in it, I see a slow tugboat,
a burning cigarette and a helm. Who is there, towing us
        into this darkness
and, probably, looking back:
will we trust him or not?

IS

49

## Бурштин

Скажи, то був жарт? Я копав
цілу ніч, як ти мені наказала,
миші з мене сміялися.

Здавалось, я бачу, як по той бік
нагрівається листя,
як там збирають дітей до школи,
одягаючи їм білі комірчики,
як перевіряють, чи вимкнули праску,
як підливають петунії з бляшаної
поливалки.

І поклявся б, що чую,
як б'ється серце крізь глину. А виходить,
дарма турбував надію?

Дарма гортав землю, шукаючи в ній
хоч один світлий рядок?

Поясни мені це, доки стою,
роздивляючись власну долоню,
на якій – під самим безіменним пальцем,
де терло руків'я лопати, –
наливається зерно бурштину,
ніби лампа, ненадовго увімкнена
в якомусь моєму чистилищі
моєю ж рукою.

## *Amber*

Tell me, was it a joke? I have been digging
all night long, just like you told me to;
mice were laughing at me.
I seemed to see, on the other side,
the sun warming the leaves,
children being readied for school,
their white collars straightened,
people checking if the iron was left on,
watering petunias from a tin
watering can.
I could swear I heard
a heart beating through the clay. But was I
teasing this hope for nothing?
For nothing, I shuffled the earth, looking for even
a single bright thread in it?
Explain this to me, while I'm standing
staring at my own open palm.
There—right under my ring finger—
where the handle of a shovel rubbed my skin,
a grain of amber is now growing,
like a lamp, lit for a short while
in some purgatory of my own
with my very own hand.

IS

51

## Хайку революції

Дим у рукавах.
Ніби йдеш з цими людьми
лісистим хребтом.

•

Такий простий жест:
одне одному мовчки
пообіцяти.

•

Ідуть на площу.
Приводять життя, ніби
дітей до школи.

•

Провалився час.
Жінки несуть вечерю
мужам на мури.

## The Haiku of the Revolution

Smoke in your sleeves.
As if, with these people, you were crossing
a wooded mountain ridge.

•

Such a simple gesture:
to give a promise to each other
wordlessly.

•

Arriving at the city square,
They bring with them life,
As they would bring children to school.

•

Time has collapsed.
Women carry provisions
to the warriors on the ramparts.

•

Хай тільки нас
не виселять з наших тіл —
ми вистоїмо.

•

Ще трохи, й Різдво.
Понесуть Немовля вздовж
залізних щитів.

•

Тепер бачиш: ти
сам собі глина й гончар,
обпалений і міцний.

25.12.2013 - 4.01.2014

•

If only they don't succeed
in evicting us from our bodies,
we shall prevail.




•

Christmas is coming soon.
They will carry the Child along
the iron shields.




•

Now you see: you
are your own potter, your own clay,
fired and strong from the kiln.

25.12.2013 - 4.01.2014

IS

## Найля

А наступного дня на світанні
я виходила з дому й на брамі
побачила знак.
Підліток...ніби рукою підлітка, що вночі
вертався додому лютий, зі стиснутими зубами.
А що – може, й підліток. Може, хтось
зі знайомих мого молодшого,
які труться то тут, то там, нюшать,
приміряють до себе життя,
ніби одяг з чужої шафи.
Звідкись
він точно знав, хто ми. Дванадцять,
тринадцять років – вони в цьому віці вже вміють
назвати ціну своєї злості.
Поки я витирала, хтось шастав за моєю спиною.
Розвиднювалося кволо, як
буває у березні. А потім
визирнув батько й сказав: «Не витирай цього, Найлю».
«Вони прийдуть цієї ж ночі, – відповіла я, – це
самогубство».
«Боятися їх – самогубство», – батько вийшов
з веранди на сонце, ще каламутне,
ніби вода, збурена вудками, і
повернувся до мене обличчям,
повним
глибоких, незмивних знаків,
з якими вже можна обійтись без пояснень,
з якими вже можна тільки стояти, ніби
посічений хвилями камінь,
і дивитись, як у тобі ненадовго гніздяться чайки,

## Najla

The day after, at dawn,
I was leaving home, when at the gate,
I saw the sign.
A teenager—Written as if in a teenager's hand,
by someone coming back home at night, angry, his teeth gritted.
And who knows, it might have been a teenager. Maybe
a friend of my youngest,
hanging around, sniffing around,
trying our lives on,
like clothing from someone else's wardrobe.
Somehow,
he knew exactly who we were. At twelve,
at thirteen, they already know the price
of their anger.
While I was wiping it off, someone crept behind my back.
Dawn was coming slowly,
as it sometimes does in March. Then,
father looked out and said: 'Don't wipe this off, Najla.'
'They will come this very night,' I replied, 'it's
suicide.'
'It's suicide to fear them,' father said, stepping
from the porch into the light, the sun still dull,
like water stirred up with fishing rods. He turned
to me, his face
full of
deep, unfading signs,
which mean you no longer have anything to explain,
which mean you can now just stand, like
a stone carved by waves,
watching how gulls nest in you for a while,

як рибалки приходять і, з'ївши принесене з дому,
вертають,
так і не впіймавши нічого.

how fishermen come and, having eaten the food
     brought from home,
turn back,
having caught nothing.

IS

## Адам і Євка

«А я, – каже Євка, – з'їла б сама ціле яблуко,
а потім втекла б, щоб ніхто не помітив. І
підглядала б через паркан, як ти там
носиш за Богом книжки».

Я подаю тобі знаки, Євко. Дивись – просто
посередині райського ластовиння. Перекривлюю
Його зосередженість, коли Він щось піднімає
зі стежки. Хто
міг загубити тут перстень?! «О», – читає Він
басом, підносячи перстень високо і розглядаючи
його на власному тлі.
Далі бере в мене книгу –
книгу, в якій написано все, що завгодно,
лише не твоє ім'я.

## Adam and Little Eve

'And I,' says little Eve, 'I would eat the whole apple myself,
and then I would run away, so that no one would even notice. Then,
I would watch you through a hole in the fence,
while you'd be dragging God's books after him.'

I'm motioning to you wildly, little Eve. Making faces right
        in the heart
of leafy Eden, I mock His concentration, when He picks up
something from the path. Who
could drop a ring here?! 'O,'—He proclaims
in a deep voice, lifting the ring high and examining it
against His own body.
Then, He takes a book from me—
a book where everything is written,
but your name.

IS

61

## Король

Він радо грав з нами в цю гру, аж доки
не втомлювався і не
засинав на скрипучому троні,
випускаючи з рук скіпетр з індичого пір'я.
Наш квітневий король, і король серпневий,
і осінній король, і ніколи – король зимовий,
бо зимою – сніги й ранні тіні,
і замітало схил, яким вела
єдина дорога до нього.
Захмарене королівство, про яке не знали навіть
наші брати і сестри, королівство Карія.
Ми обережно виходили з дому задньою хвірткою,
ідучи, готували для нього добірку новин:
хлопці з Лугів програли,
цукор кипить на гарячому камені,
один утопився, заснувши в човні. Бувало,
він чемно вдягав корону, щойно
ми заходили в сад, а часом вередував, і тоді
нам треба було розгадувати його загадки,
загадки, на які він і сам не знав відповіді, й лише
махав рукою, сміючись із нашого заповзяття.
Після трапези й чаркування компотом
був час аудієнцій,
і ми ставали по обидва боки трону
зі смерековими списами, суворі і насторожені,
бо казна-хто міг прийти до нашого короля.
І хтось приходив щоразу, а хто?
Чи приходили ті, кому також в'язали
рукави за спиною? Чи приходили ті, хто в'язав,
щоб попросити у нього невчасне пробачення?

## The King

He would happily play this game with us, until
he would grow tired and
fall asleep on his squeaky throne,
  dropping his turkey-feathered scepter.
Our April king and our August king,
and our autumn king, yet never the winter king,
for winter brought snowfalls and early shadows,
and snowed over the mountain slope
wherein lay the only path to his place.
A clouded-over kingdom, unknown even
to our siblings, the kingdom of Caria.
We snuck out of the house carefully, through the back gate;
on our way, we would get a news dispatch ready for him:
the boys from Luhy lost the game,
sugar boils on a hot rock,
someone got drowned after falling asleep in a boat. Sometimes,
he would put on his crown obediently, as soon as
we entered the garden, but at times, he was capricious,
and then we had to solve his riddles,
those he himself knew no answers to, and would only
wave his hand at us, laughing at our ardor.
After a meal and a drink of *kompot*,
it was time for the official visits,
and we would stand beside his throne,
with our spruce spears, stern and alert,
for goodness knows who could come to see our king.
And someone would come every time, indeed, but who?
Did those come, whose sleeves had also been tied
behind their backs? Did those who tied his sleeves
come to ask for his belated forgiveness?

Чи приходили
ті, хто забув його за роки хвороби і усамітнення,
щоб навести лад у власних нотатках?
Чи приходила жінка, щоб довго-довго дивитись,
а потім повернутися до чоловіка в машині,
відкупившись Божим заступництвом?

Приходить король квітневий,
червневий король
приходить,
приходить король осінній, а зимового короля
нема.

Did those
who forgot him in his years of sickness and seclusion
come, too, to sort their own records out?
Did a woman come, to look at him for a very long time,
and then return to the man in the car,
buying back her peace with God's grace?

The April king is coming,
the June king
is coming,
the autumn king is coming, but a winter king
is not there.

IS

## 1918

Навіть від розривної кулі,
буває, лишається тільки цятка.
От і з тієї війни пам'ятаю лише,
як в один із останніх днів
кінь
випав на закруті із платформи
вузькоколійки, і не було
кому по нього вертатися, не було кому
забрати його з-під насипу,
малі годували його травою,
а він лежав
із поламаними ногами і матовим оком,
чорний-чорний,
як знак, що ним ніч, відступаючи,
мітила шлях для ночі,
що мала прийти за нею.

# *1918*

Sometimes even an expanding bullet
leaves merely a small dot-shaped mark.
Similarly, from that whole war I only remember
how on one of its last days
a horse
fell off a turning train, and there was no one
to come back and get it, no one
to move it from the slope,
the kids fed it grass
while it lay there,
its legs broken, its eye impenetrable,
pitch-black,
like a waymark left
by the retreating night
for the night soon to come.

IS

• • •

Хтось, Алінко,
видає нам життя, як підручник.
Нуднуватий, обов'язковий. Ми
гортаємо його швидко,
не більше, ніж
два-три слова підкресливши нігтем,
а частіше – б'ємо ним чи затуляємось
від удару.
Буває, відходячи, обертаємось
і вставляємо його
у щілину дверей,
що мали б уже зачинитися
за спиною: ось
моє життя, ось – твоє життя,
летять, ніби дві бабки, зчеплені у повітрі,
безглузді, безпам'ятні, з однією на двох
мертвою головою.

• • •

Someone, Alinka,
issues life to us like a textbook,
boring, required. We
page through it quickly,
barely underlining
two or three words with a fingernail;
more often, we hit each other with it
or shield ourselves from being hit.
Sometimes, about to step away, we turn back,
and put it into the door cracked open,
the door that was about to close
behind our backs: here
is my life, here is your life,
they hover, like two dragonflies, conjoined in the air,
witless, memoryless, sharing between the two of them
a single death's head.

IS

## Майже експромт

Дерево, під яким ми роздяглися колись,
ще майже дітьми, і не знали, що далі робити.
Дерево, за яким бабуня впізнала місце дому
своєї юності.
Дерево, в яке я кидав ножі.
Дерево, повне осиних гнізд, яке марно вчило нас
обережності.
Дерево, яке ми грабували сонним, коли під інеєм
жовтіли ще яблука.
Дерево, на якому багато десятиліть була дівчача
гойдалка, аж доки моя сестра покалічилась,
з неї злетівши.
Дерево, у якому жив кінь.
Про що вони говоритимуть, коли
зберуться через багато літ після нас,
щоб відпочити нарешті у тіні власної тіні?

## Almost an Improvisation

The tree under which we, still kids, once undressed
and had no clue what to do next.
The tree by which my grandma
recognized the spot where her childhood home once stood.
The tree I used as a target for throwing knives.
The tree full of wasp nests, which tried to teach us caution
in vain.
The tree we robbed in its sleep; its yellow apples
frosted over.
The tree where the girls had their swing, until my sister
fell off and hurt herself.
The tree where a horse lived.
What will their conversations be like, when they
get together many years after us,
to finally rest in the shade of their own shade.

IS

## Лятіфа

«Малий питає, звісно...Питає,
коли повернемося додому.
А я якось кажу, мовляв, дім наш
забрали на небо. Не знаю,
що тоді на мене найшло. Кажу:
він був такий добрий до нас, Аліме,
що не міг більше стояти
на землі, як усі інші доми.
І стільки в ньому було любові,
стільки шарів любові
ми поклали на підлогу, на двері,
віконні рами,
і щойно стара любов злущувалася,
ми клали нову, ще старанніше
і щедріше, ще білішу й брунатнішу
ми клали любов. І любов кольору слонової
кості, хоч дідо казав, що то – не любов,
а так, дитячі забавки. Бо для барви любові
має вистачити одного слова.
Це все кажу собі подумки, а малому лише
відповідаю: так, і з вікон
тепер видно саме лише небо.
І ангелів видно.
Тільки у домі – нікого.
Бо людям живим не вільно ангелів бачити».

## Latifa

Of course, the little one keeps asking. He asks
when we can go back home.
So I told him once: our house
has been taken up to the sky. I don't know
what came over me then. I said:
that house was so kind to us, Alim,
that it could no longer stand
on the ground, like all the other houses.
And there was so much love in it,
we applied so many layers of love
to its floorboards, to its doors
and its window frames;
as soon as the older love would peel off,
we would add a fresh layer, working harder,
applying more generously; the love we added
was ever redder and whiter. We even used
ivory-tinted love, even though grandfather said
that it was children's games, not love. He said the color of love
should be described with one word only.
All of this I think to myself, and to the boy,
I reply only: yes, and outside our windows, now,
lies only the sky.
And the angels are visible in it.
The house, however, is empty,
for living souls are not to lay eyes on angels.

IS

73

# *Епізод 2014*

«Багато років я прокидалася,
коли він вертався з нічної зміни, о третій-четвертій
ранку. Довго мився
і лягав такий самий чорний, вугільний,
майже невидимий
в темряві. Може, він так розчинився якоїсь ночі?»
                    Мовчимо,
а за мить вона вже заливається сміхом: повз нас
пробігає якийсь малий, спотикається
й падає — просто на мішок борошна, який
ніс у руках,
                    і злітають його кросівки високо
в серці білої хмарки —
                    такий білий вибух,
каже вона, такий тихий.

## A Fragment of 2014

She says: "For many years, I would wake up
when he returned from his shift, at three or four in the morning.
He would take his time washing up, and yet
would go to bed looking the same: black as coal.
In the darkness,
he was almost invisible. Perhaps, at some point,
he just dissolved into the night like that?"
                        We stay silent,
but a moment later she's laughing. Next to us,
some kid rushes, then stumbles and falls
right on top of the sack of flour he was carrying.
His sneakered feet
                        kick the air inside the white cloud.
Such a white explosion, she says.
                        Such a quiet one.

IS

## Епізод 2015-го

«Царство небесне, – каже Тимур, –
воно – ніби озеро. Входячи, збиваємо п'ятами
з дна каламуть, і довго, довго
нічого не бачимо. А самі –
як на долоні, ображені і розгублені.
Це – наша остання проба, звідти ще можуть
відіслати назад.
І, може, ми саме тут?»
Кажуть, у селах – майже нікого, й вовки
входять у передмістя. Ще трохи –
і будуть тертись об наші ноги,
лагідні, бо лагідним є цей світ. Вже
чотири дні тихо, не чути гранат,
ніхто не вивалює двері повітря.
Не горить жоден кущ, заспокоїлися птахи.
Ніколи не було стільки обрію над розтоптаною
землею, ніколи не було стільки
стелі над зім'ятою постіллю.
Воістину, нашим,
нашим і вовчим буде царство небесне.

## A Fragment of 2015

'The Kingdom of Heaven,' says Tymur,
'is like a lake. When we enter it, we kick up the mud
from the bottom with our feet, and for a long time,
can see nothing, while we, ourselves,
are in the open, vexed and bewildered.
It's our last attempt, for they can still
send us back from there.
So, perhaps, that's where we are?'
They say, almost no one is left in the villages, and wolves
are coming to the suburbs. Soon,
they will be rubbing against our legs,
gentle, for gentle is this world. For four days already,
it's been quiet, no hand grenades exploding,
no one breaking down the doors of air.
Not a single bush is burning, the birds have settled back in.
There has never been so much horizon
above this trampled earth, there has never been
so much ceiling above our crumpled bedding.
Truly, ours,
ours and the wolves' own, will be the Kingdom of Heaven.

IS

## *Арза*

— Скажи, ти щасливий?
Мені захотілось сказати «так», і я сказав: «Так,
я щасливий».
А вона:
— Ти кажеш так, бо твоє серце спить.
А скажи, ти маєш надію?

Мені захотілось сказати «так», і я сказав: «Так,
я маю надію».
А вона:
— Так каже той, для кого надія ніколи не була
єдиним домом.
А скажи, ти прийдеш до мене?

Мені захотілось сказати «так», і я сказав: «Так,
Арзо, я прийду до тебе».
— Коли йтимеш до мене, можеш удома лишити руки,
бо руки твої, бачу, вміють робити лише слова.

## Arza

—Tell me, are you happy?
I felt like saying yes, and so I said, 'Yes,
I'm happy.'
She replied:
—You say so because your heart is asleep.
Tell me then, have you got any hope?

I felt like saying yes, and so I said, 'Yes,
I have hope.'
She replied:
—So says someone whose hope never was
their only home.
Tell me then, will you come to see me?

I felt like saying yes, and so I said, 'Yes,
I'll come to see you, Arza.'
—Then, when you come, leave your hands behind,
for I can see now that your hands
can make nothing but words.

IS

## Адам (3)

Скажи: чого ти прийшов, а
не роззуваєшся?
Чи знов – як завжди –
на велосипеді, без рукавиць?
І зірвешся в найгірший нічний дощ,
прокинувшись голим
у темряві оранжереї?
Вірний
єдиній своїй любові,
що розкрилась тобі колись,
наче квітка,
на якій ти необережно заснув?
Чи
будеш знов приїжджати під обвуглену
браму, щоб попросити пробачення
в кропиви і пирію?
Чи
будеш стояти, як городнє опудало?
Адам.
Мої сини скоро будуть учити тебе.
Мої
кози покажуть тобі,
як пройти до води.

## Adam (3)

Tell me, why did you come but refuse
to take off your shoes?
Once again—as always—
riding a bike without gloves?
And you'll dash out in the worst nighttime rain,
having woken up naked
in the darkness of the hothouse?
Faithful
to your only love,
which opened to you once,
like a flower
on which you carelessly fell asleep?
Or
will you again drive up to the charred
gate to ask nettles and wheatgrass
for forgiveness?
Or
will you just stand there like a scarecrow?
Adam.
My sons will soon start teaching you.
My
goats will show you
the path to water.

VC

## Адам (4)

Тепер, коли Єва пішла, ти
розмовляєш зі шкурою,
що укриває твій сором.
Вона розповідає тобі
про гони райськими травами — часто,
ще мокра від поту й роси, прокачуючи
жилами радісну кров,
вона тебе бачила,
задивленого в пустелю озера, нерухомого
і блідого.
Слухай шкуру,
слухай, що каже ця перша у світі річ.
Ви зустрілися на мосту,
що з'єднує смерть і життя,
ідучи
в протилежні боки —
тепер говоріть.

## Adam (4)

Now, when Eve has left, you
talk to the pelt
that covers your shame.
It tells you
about running through paradise grasses—often
still wet from sweat and dew, pumping
joyful blood through its veins,
it saw you
gazing at the emptiness of the lake, motionless
and pale.
Listen to the pelt,
listen what this first object in the world says.
The two of you met at the bridge
that links death and life,
going
into opposite directions—
now speak.

VC

• • •

Щось таке почорніле,
трохи більше за дитячу долоню. Ніби
обрамлення для якогось
дрібного життя.
Я довго дивлюсь,
аж доки впізнаю її – так, це праща! Каштанова
праща, єдина річ, яку батько
зробив для мене,
коли я вечорами боявся ходити повз ліс.
Моя перша й остання зброя,
яку я місяцями грів у спітнілій кишені.
«На, – сказав батько. –
Носи, доки перестанеш боятися.
А потім не викидай, заховай десь». Пращо,
скажи, ти прийшла, бо впізнала мене?
Ти вчула мене за якоюсь нашою єдиною
спільністю? Внюшила мене, як покинутий пес,
що плентається позаду, навчений охороняти?
Так: мені знов страшно, пращо.

. . .

Something black with age,
A bit bigger than the palm of a child's hand. Like
a frame for some sort of
petty insignificant life.
I stare at length,
and finally I recognize it—yes, this is the slingshot!
A chestnut
slingshot, the only thing father
made for me,
when in the evenings I was afraid of walking past a forest.
My first and last weapon
which I warmed for months in a sweat-filled pocket.
"There, father said.
Carry it until you stop being afraid.
And then don't throw it away, hide it somewhere." Tell me,
slingshot, did you come because you recognized me?
Did you sense me behind some kind of united being
of ours? Did you smell me like an abandoned dog
who trudges a few steps behind, trained to protect?
Yes, slingshot, I am scared again.

VC

## Осінь, експромт

Ще не вся
відшелестіла війна,
а вже
у колишніх помешканнях листя
оселилися во́рони.

## *Autumn, an Improvisation*

The war still hasn't
fully rustled away
but already
in the former dwellings of leaves
ravens have settled.

VC

## Сізіф

Перший будинок був надто високий і тонкостінний,
    і його повалив вітер.

Другий будинок – о, золота галявино! – був дитям завеликої
    любові, і з нього ми вийшли у різні двері.

Третій будинок мав стояти міцно, як смалений бик,
    але війна покликала мене руйнувати чуже.

Четвертий будинок мав бути посудиною любові помірної,
    але одного вечора я став зайвим у ньому.

П'ятий будинок забрали люди на вантажівці
    і двох мотоциклах.

У шостому будинку моїми були лише руки, що його будували.

Сьомий будинок приходить до мене, як недодивлений сон,
у якому за обіднім столом сидите усі а я щоразу виходжу
    на ґанок поплакати, і повертаюся, вмиротворений.

## Sisyphus

The first house was far too tall and thin-walled, it was tumbled
    by wind.

The second house—oh my golden meadow!—was a child of
    far too much love, and from it we left through opposite doors.

The third house had to stand firm like a wood-fired bull,
    but war called me to destroy other people's belongings

The fourth house was to become a vessel of temperate love,
    but one evening I became a stranger in it.

The fifth house was taken away by people with a truck
    and two bikes.

In the sixth house I owned only my hands that built it.

The seventh house comes to me like an unfinished dream
with all of you sitting together at the dinner table while I always
    step out to the porch for a cry, and then I come back, becalmed.

VC

## Ной

Все минуле життя – ніби розмокла газета. Різне було там:
новини, розваги, кулінарія.
Хтось підходив у темряві і куйовдив волосся.
Хтось приїжджав здалеку і казав, ніби бачив небачені хмари.
Ми садили його біля себе, гріли йому вина.
Погані звістки були нам, як оцет до м'яса.
Ми повільно вставали до танцю, потягуючись і мружачись,
повільно розкручували коло, повільно його спиняли.
Ніхто ніколи не втомлювався, бо втома – від поспіху.
Я плутав своїх найстарших і наймолодших дітей, бо одні
        вже сивіли,
а інші ще білі були, як кульбаби.
Дими обходили нас, ми не знали, як пахне горіле волосся.
Про велетнів бачили один смішний фільм. Жертовні наші ягнята
підіймалися легко, похитуючись,
ми задирали голови і вірили в точність Божого пальця.
Ходили вітри, ангели позначали наш дім хрестом.
А тепер – так тихо, що заснути не можна. Після театру сну
я починаю виставу ранку для одного глядача на балконі.
Я – відмінник, розумник, який завжди лишався в класі, коли
інші тікали у сад. Моє життя на століття вперед
було написане крейдою на воротах. Моя пружина
ніколи не вистрелить.
Я лише чую її протяжний гул
і танцюю сам, як наказано, циркулярно і рівно,
до першого сплеску долонь
у темряві переді мною.

## Noah

The entire past life is like a soaked newspaper. All sorts of stuff
    in there:
news, entertainment, cooking.
Someone came up in the dark and ruffled my hair.
Someone came from afar and said he witnessed never-before-seen
    stormclouds.
We sat him down next to us, warmed some wine for him.
Bad news was for us like vinegar for meat.
We slowly got up to dance, stretching and squinting,
slowly started a round dance, slowly stopped it.
No one ever got tired, for tiredness comes from haste.
I mixed up my oldest and youngest kids, for the former already
    went gray
and the latter were still white like dandelions.
Smokes passed us by; we didn't know the scent of burnt hair.
As for giants, we saw a funny movie about them. Our sacrificial lambs
rose with ease, lightly rocking from side to side;
we raised our heads and believed in the finger of God's precision.
Winds roamed; angels marked our house with a cross.
And now it is so quiet—I can't fall asleep. After the theatre of sleeping
I start the morning play for the one spectator up in the balcony.
I am a straight A student, a smartie who always stayed back
    in class when
others fled into the garden. My life for a century forward
was marked with chalk on the gate. My coiled spring
will never shoot.
I only hear its plangent hum
and dance by myself, as instructed, in orderly circles
up until the hands' first clap
in the darkness before me.

VC

## Урок арабської

У нас кажуть: закрий моє серце, не йди.
У нас кажуть: іду за далекий дим.
У нас кажуть: вб'ю тебе, зате вдома.
У нас кажуть: вб'єш, та не відмолиш.

У нас кажуть: з'їм себе по шматочку.
У нас кажуть: дім наш на тому боці.
У нас кажуть: я прокляну, Бог пробачить.
У нас кажуть: ти, сестро, моя печать.

## *An Arabic Language Lesson*

Our folks say: cover my heart, don't go.
Our folks say: I'm going beyond the distant smoke.
Our folks say: I'll kill you, but this will be at home.
Our folks say: you'll kill me, but won't atone for the sin.

Our folks say: I'll eat myself in small morsels.
Our folks say: our home is on the other side.
Our folks say: I'll curse you, God will forgive.
Our folks say: you are my stamp and seal, sister.

VC

## Двоє в човні

Брате, ми завернули вчасно.
Забудьмо, хто кого мав підняти на вила.
Тепер треба все пройти до кінця.
Батьки наші перетворяться на двох сивих дітей, а потім –
на слину і глину.
Птахи заклюють свої яйця, худоба
повернеться у власний ріг,
плодові дерева здичавіють і пожеруть одне одного,
і розшаруються скелі, як нігті,
і зм'якне твердь,
і блимнуть вечір і ранок, день третій, другий і перший,
і коли світло понад тілами згорнеться, як молоко,
ми почуємо дух, що ширяє над водами.
Знаєш цей безіменний шум?
Ми ще ніколи не були так далеко і близько від дому.

## Two in a Boat

Brother, we made a turn in time.
Let's forget who was to raise whom on a pitchfork.
Now we must go all the way to the end.
Our parents shall turn into two gray-haired kids, and then,
into saliva and clay.
Birds shall peck their eggs to death, cattle
collapse back into its horns,
fruit trees shall go wild and devour each other,
and rocks delaminate like fingernails,
and *terra firma* shall go soft,
evenings and mornings flash by—the third, the second, the
first—
and when light above the bodies curdles like milk
we shall hear the spirit moving over the waters.
Do you know this nameless noise?
Never before have we been so far and so close to home.

VC

## Бабуся розповідає

Лише тепер, коли її майже покинув слух.
Коли жоден шум не може вдертися в кімнати
її історії.
Вона проходжає ними сама у півтемряві, нам
дозволяючи підглянути крізь шпарину.
Відчиняє шафи, виймає побляклий одяг,
прикладає до себе.
Ходить своїм голосом навпомацки, як сліпий
площею, повною сонця.
З ким вона розмовляє? Ми вже нічого
не розуміємо,
щось намагаємось уточнити,
ніби гукаємо знизу до канатохідця,
якому лише треба дати дійти і стати зітханням.
Дратуємося, хочемо приміток
і нараз замовкаємо,
коли вона каже:
в мене завжди було місце,
куди я ходила поплакати.

## Grandma Is Telling Stories

Only now, when her hearing almost deserted her,
when no noise can penetrate the rooms
of her history,
she wonders around them alone, in the shadows,
letting us peek through the keyhole.
She opens the closets, takes out her faded garments,
presses them to herself.
Feels her way around her voice like a blind person
in a sunlit city square.
Who is she talking to? We no longer
understand anything,
and attempting to ask her
feels like calling out, from far below, a tightrope walker
who needs to complete the walk and become a sigh.
We get annoyed and seek clarifications,
then suddenly fall silent
when she says:
I always had a spot
where I would go to cry.

IS

## Кентавр

Хто з нас першим
побачив у ньому вчителя, коли
він ще розвозив хліб на триколесному моторолері?
М'ятий Капелюх
і його кілька дурнуватих апостолів!
Він єдиний вмів робити з усього музику.
Який з нас
був оркестр, коли ми їхали в кузові,
граючи на очереті, травах,
бляшанках, коробках,
які концерти влаштовували для гусей і кіз!
Його смичок міг бути луком,
його сопілки були сливовими кулями.
Ми були воїнами-музиками, орденом шансоньєрів,
майстрами паперових літачків і рогаток з осики.
Вічні прогульники, ми самі
допасовували речі до слів;
а що речей завжди виявлялося більше, до зайвих
прикладали сміх.
Він замовкав, його обличчя заростало
безколірною бородою; здавалося,
його терези похитнулися остаточно,
і тепер його місце
у стайні:
кінь із заснулим вершником,
що бродить вночі, тицяючись у замкнені брами.
Ми дивувались його черевикам — нащо вони йому,
втомленому звірові?
"Мої черевики мудріші за мене, — казав він, — бо завжди
знайдуть дорогу додому."

# Centaur

Who among us was the first
to see him as a teacher when
he was still delivering bread on a three-wheel moped?
Wrinkled Hat
and a few of his silly apostles!
He alone could turn anything into music.
What an orchestra
we became, riding in the sidecar,
playing the reeds, the grasses,
the tin cans, the boxes,
what concerts we staged for the geese and the goats!
His fiddle bow became a bow with arrows,
his flutes became plum bullets.
We were warrior musicians, an order of chansonniers,
constructors of paper airplanes and aspen slingshots.
Eternal hooky players, we paired
things with words on our own;
as there were always too many things, the excess ones got laughter
    instead.
He would fall silent; his face would get overgrown
with a colorless beard; it seemed
his scale finally lost its balance
and now his place was
at the stable:
a stallion with a sleeping rider
who wanders at night, bumping into locked gates.
We marveled at his shoes—why would he, an exhausted beast,
need them?
"My shoes are wiser than me," he would say, "they always
find the road back home."

То де були вони, коли він лежав біля лісу,
босоногий,
з вивернутими кишенями? Він ніби довго стукав туди,
але там йому не відчинили.
До якого дому пішло його взуття
і яку з двох його душ
забрало з собою?

So where were they when he was lying by the edge of the forest,
barefoot,
pockets turned inside out? He knocked for a long time at that door,
but it did not open for him.
To which home did his shoes go,
and which of his two souls
did they take with them?

VC

## Те, що давно мав написати

Мій дідо не любив поетів,
казав, що ті завжди ніби просять пробачення,
навіть коли наказують чи проклинають.
Тому пробач ще за один вірш, діду,
і за те, що зробив тебе в ньому присутнім.
Пробач, що півжиття прошу пробачення, але не навчився
ні наказувати, ні проклинати,
що за "дякую" і "пробач" – за ці дві нитки підв'язую
    кожне слово,
ніби вбираю якесь величезне нічийне весільне дерево,
а інших слів уникаю.
Скажи, що воджу паперову жирафу саванною, –
і я буду разом з тобою сміятися.
Накази, прокльони, вимоги і докори,
відповіді неправильні і правильні –
опадають і шерхнуть, ніби осіннє листя,
й стає світліше.
Я уявляю собі, як ти дивишся на мене
крізь нарешті прозоре гілля
і приймаєш моє пробачення.

## What I Should Have Written a Long Time Ago

My grandpa didn't like poets,
he said that they always seemed to be apologizing
even when they issue orders or curses.
Therefore, sorry for yet another poem, grandpa,
and for making you present in it.
Sorry that for a good half of my life I've been apologizing
    but haven't learned
either to order others or to curse them,
that I use two strings, "thank you" and "sorry," to tie each of
    my words,
as if I'm taking in an enormous wedding tree that belongs to no one
and avoid all other words.
Tell me that I drag a paper giraffe across the savannah,
and I will laugh together with you.
Orders, curses, demands, and reproaches,
answers, wrong ones and correct ones—
they all fall down and rustle like autumn leaves,
and it is lighter around us.
I imagine you looking at me
through the finally translucent tree branches
and accepting my apology.

VC

## Весільна музика

Радість —
ніби нектар,

ніби відкрита рана у морі,
що скликає голодних риб.

## *Wedding Music*

Joy is
like a nectar,

like an open wound in the sea
that summons the hungry fish.

VC

• • •

Старий
так і не зрозумів, що пережив.
У сімдесят літав у снах, як і в п'ятнадцять.
Чухав зад, доки перед ним
розступалося море.
Шкодував двох ковдр, які забрала війна.
Годував курей, кривди пробачив.
Повалений кулаком на землю,
збирав монети, що висипались
з кишені.
Був
як вітер, що шарпає повітряним змієм, –
сама лиш причина без цілі,
як метелик, що обмацує гнізда світла, –
сама лише ціль без причини.

• • •

The old man
never fathomed what he had lived through.
At seventy he still flew in his dreams, like at fifteen.
Scratched his butt as the sea
parted in front of him.
He missed the two blankets that war took away from him.
He fed chickens, forgave the trespasses.
Knocked down to the ground by a fist,
gathered the coins that scattered
from the pocket.
He was
like the wind that jerks a kite—
just a cause without an effect,
like a moth feeling up the nests of light—
just an effect without a cause.

                                                                        VC

## *Персефона*

Тоді, вперше, коли ще не вміла прощатися,
стояла, обсмикувала спідничку,
плуталася в прикметниках.
"Ніколи" і "назавжди"
були як суміжні кімнати з виходом у порожній двір,
фуга подихів у пітьмі, порепана стеля,
в яку витріщаєшся цілу ніч.
Мати лишала на порозі картату сумку,
і в ній також були "ніколи" й "назавжди".
"Ніколи" з брязкотом натікало в бляшану мийку,
вологе "назавжди" лежало поруч із крейдою.
"Ніколи" було неповерненою монетою,
сукенкою, яка так і лишилася у вітрині.
Як сталося потім, що слова повиходили із речей?
Коли прощалися вдруге, вже не бачила ні того,
ні іншого берега.
П'яти так зашкарубли, що змогла б, певно,
босоніж ходити по свіжому згарищі.
В будівлі, де був інтернат, зробили штаб і казарми.
"Ніколи" й "назавжди" перетворились на пару, яку помічаєш,
коли вона замерзає на рукавах.

## Persephone

Then, the first time, when she still didn't know how to say goodbye,
she stood there, pulled on her skirt,
confused the adjectives.
"Never" and "forever"
were like adjacent rooms opening into an empty courtyard,
a fugue of breaths in the dark, a cracked ceiling
at which you stare the whole night through.
Mother left a checkered bag at the threshold,
inside it as well were "never" and "forever."
"Never" noisily poured into a tin washbasin,
the wet "forever" sat next to the chalk.
"Never" was an unreturned coin,
a dress that stayed in the shop's window.
How did it happen later that words departed from things?
When the second goodbye was happening, she no longer saw
        either this
or the other shore.
The soles of her feet got so calloused that she probably could
walk barefoot over a freshly burnt field.
The boarding school has been turned into army headquarters
        and barracks.
"Never" and "forever" transformed into steam which you notice
when it freezes on your sleeves.

VC

● ● ●

І навіть наприкінці,
коли майже нікого не впізнавав,
коли місто для нього було, як щойно збудоване,
він зустрічав нас, танцюючи.
Відчиняв двері з білою бутоньєркою у петлиці,
повний упертої весільної радості,
і казав:
я ваш свідок, я один, а вас так багато,
і ви, як колібрі, кохаєтесь у повітрі,
сходитесь і розходитесь, як же
я вас запам'ятаю?
Приносив пляшку, яка сама собою
наповнювалась, і називав нас іменами наших дідів і бабусь,
старанно складаючи в пари, бо
треба віддаватись любові, доки затрубить ріг.
Щось вигнало його зі спорожнілого лісу,
давно, восени,
коли вже не було ні від кого, ні заради кого
ховатися, –
він прийшов, залишаючи в передпокої мокрі сліди копит,
і попросив підшукати йому дружину.
Батько сміявся: Вона ж – не дерево,
як ти її запам'ятаєш?
Сатир з кущуватою бородою, яку не взяло
навіть німецьке лезо.
Правда ж, коли нас покличе ріг
в наш індійський похід, ти чекатимеш там –
смішливий свідок –
і зустрічатимеш нас, танцюючи?

110

• • •

And even at the end
when he recognized almost no one,
when the city was to him as if newly-built,
he would greet us dancing.
He would open the door wearing a white buttonhole flower,
full of stubborn wedding-time joy,
and say,
I am your witness, I am alone and there's so many of you,
and you, like hummingbirds, make love in the air,
you join and separate, how can I
remember all of you.
He would bring a bottle that would fill up
on its own, and call us by the names of our grandparents,
dutifully pairing us up, for
one should yield to love up until the horn's signal comes.
Something chased him out of the deserted forest, a long time
ago, in the autumn,
when there was no one either to hide from or
to hide for—
he came in, leaving wet hoof prints in the entryway,
and asked us to find him a wife.
Father laughed: But she's not a tree—
how would you remember her?
A satyr with a bushy beard that even
a German razor couldn't get.
Isn't it right, when the horn signal comes
to set out on our Indian journey, you'll be waiting there—
a giggle-prone witness—
and you will dance as you greet us?

VC

## Алінка в саду з великим собакою

Скільки ж він жив? Усі діти – всі п'ятеро –
на ньому їздили верхи.
Коли дійшла моя черга,
він вже осліп і крутився на місці, як цуценя,
що полює за власним хвостом, –
сумний здитинілий пес. Відтоді
           стільки сталося всього,
що й не відбулося нічого.
Добре, що пожежі ніколи не змовляються між собою,
і я прослизала між них.
           Що вітри,
як сільські шмаркачі, хіба що свистіли мені услід.
Лише ті, що забирали братів і зазирали в каструлі,
добре знали свій фах.
           Зате
стільки було рятівників, яким хотілося сміятися в очі.
Стільки було порадників, що боялись
           обсмалити рукав.
Стільки було вчителів, що я й далі кручуся на місці –
як на тому старому фото –
маленька жінка верхи на великому псі.

## Alinka in the Garden with a Large Dog

How long did he live? The kids—all five of us—
would ride him.
When my turn came,
he had already gone blind and circled in one spot like a puppy
chasing its own tail—
a sad regressed to childhood dog. Since then
                    so many new things took place
that it is as if nothing had happened at all.
Good thing that fires never for a conspiracy
and I slipped between them.
                    The winds,
like village punks, only whistled after me.
Only those who picked up the brothers and peered into the pots
    in the kitchen
knew their profession well.
                    But
how many would-be rescuers wanted to laugh me in the eye.
How many advice-givers feared singing their sleeves.
How many would-be teachers—but I still keep circling in place,
just like in that old photo—
a small woman astride a large dog.

VC

## Мирне хайку

Швидко в укриття,
покидавши сапи.
Весняна гроза.

### Peacetime haiku

Taking cover fast,
garden hoes left behind.
Springtime thunderstorm.

VC

## *Неозначена форма*

Дивуватися:
в управлінні завершених справ
залітають крізь дах горобці.

Дивуватися:
стара у під'їзді свариться
з темрявою.

Дивуватися:
розступилося море,
а вони нарікають на спеку.

Писати:
не більше, ніж залишати світло
у передпокої.

Дивуватись:
на смітнику – окремий контейнер
для домашніх рослин.

Знати:
всі ми – як риби і сніг –
непотопленні.

## Undetermined Form

Surprise:
at the department of finished projects
sparrows fly in through the roof.

Surprise:
an old woman in the stairwell argues
with darkness.

Surprise:
the seas have parted,
and they are complaining about the heat.

Write:
not more than leaving the light on
in the entryway.

Surprise:
at the dump there is a separate container
for household plants.

Know:
all of us, just like fish and the snow,
arc unsinkable.

VC

● ● ●

Що нагадує давня любов?
Незасмаглий слід на зап'ясті
від браслета, який змило прибоєм.
Хто б подумав: така біла шкіра,
такі темні на ній волосинки —
я.

• • •

What does a long-ago love resemble?
The untanned mark on the wrist
from a bracelet washed away by the surf.
Who would have thought: such pale skin,
so dark the little hairs on it—
and it's me.

VC

## *Бавкіда*

Колись впустила на ніч двох чоловіків у цивільному.
Говорили з акцентом, були втомлені і строгі, як гранчаки.
Відмовились від вечері, сніданок просили запакувати в дорогу.
Далі не відбувалось нічого.
Далі з'явились чоловіки в камуфляжі,
щипали, били палицею по литках.
Про гостей у цивільному питали вже інші, що засідали
    в шкільному класі.
Далі слова закінчились, а може, якась мова їх випала з пам'яті.
Залишилась інша, якої тут не розуміли.
Вісім років за нею ходив
сніг, який не збирався танути.
Вона забула, як попросити води, як перепросити сплячого.
Звикла все брати наосліп, обмацуючи поверхні під снігом,
    під одягом.
Починала похитуватись, тільки-но чула відлуння музики.
Коли чоловік упився на смерть у вісімдесят, їй було дещо
    незручно.
Знала кілька пісень, які звучали тут непристойно,
    хоч і незрозуміло.
На четвертий день її почали шукати, але повернулись ні з чим.
На порозі було багато слідів із якимось незвичним малюнком
    підошов.
Тепер вона, ніби замерзла у танці, стоїть на дуже високій
    галявині,
як цитата з шкільного конспекту, до якого загубився початок.

# Baucis

Once she let two men in civilian clothes stay for the night.
They spoke with an accent, were tired and firm like
    a faceted tumbler.
They refused the dinner, asked the breakfast to be packed to go.
Then nothing happened.
Then men in camo appeared,
pinched her, beat her on the calves with a stick.
Still others questioned her about those guests in civilian clothes,
    at a session held in a school classroom.
Then words ran out, or perhaps, the language containing them
    dropped from memory.
A different one remained, but they didn't understand it here.
For eight years she was followed by
snow which had no intention of melting.
She forgot how to ask for water, how to apologize to a sleeping person.
She got used to take everything by touch, feeling the surfaces
    under the snow, under the clothes.
She would start rocking gently hearing echoes of music.
When her husband drank himself to death at eighty, she felt
    a bit awkward.
She knew a few songs that here sounded indecent,
    although not understandable.
On the fourth day they went looking for her but returned
    empty-handed.
On the threshold there were many tracks with a strange impression
    of shoe soles.
Now she, as if frozen in dance, stands on a very high meadow
like a quote from class notes whose beginning got lost.

VC

●  ●  ●

Коли ми б'ємо – убиваємо одне одного –
як уміють лише найрідніші –
крізь штору це схоже на танець.
Грай же нам, птахо, що так запізнилася.
Хай ми знов шукаємо одне одного
за запахом, як пекарню в голодному місті.
Вклади нас у колиску дерева,
як криво підстрижених підлітків,
щоб ми знову тремтіли від першого доторку.
Хай знов читаємо одне одного,
приклавши до яскравого світла,
як не нам призначений лист.
Хай вийдемо з твого аргентинського дощу,
птахо, з твого дощу римського над затокою.
Знаю, ми ходили від обіцянки до обіцянки,
як п'яний поміж рідкими деревами.
І хотілося б усе повернути, але ми забули, що саме.
І хотілося б пробачити, але не пригадаємо вже
ні провин, ні помилок.

*І в тому місці, де ти мала бути, птахо, –*
*черговий день, звичайний, білий,*
*в якому, може, врешті все і станеться,*
*та знову аж до ночі не стається.*

• • •

When we strike—when we are killing each other—
the way only the closest kin can do—
through the curtain it looks like a dance.
Play for us, bird, you have arrived too late.
Let us again look for each other
by smell, like for a bakery in a famished city.
Put us into the tree's cradle
like some teenagers with bad haircuts,
so that we would again tremble at the first touch.
Let us again read each other
against a bright light
like a letter addressed to someone else.
Let us exit your Argentinian rain,
bird, your Roman rain above the bay.
I know, we wandered from one promise to another
like a drunk between sparsely placed trees.
The desire is to bring back it all, but we forgot what it was exactly.
The desire is to forgive, but we cannot recall either the guilt
    or the errors.

*And in the place where you, bird, should have been—*
*just another day, ordinary, blank,*
*in which, perhaps, it will all finally happen,*
*but again, it doesn't until the night finally falls.*

VC

## Медальйон

Холоне взуття,
якого ми не встигли.
А їхні ноги великі,
їм воно не потрібне.
Їхні пальці великі,
й вони не можуть ніяк
видобути твій медальйон
із самого кута коробки.
Перевертають її, витрушують —
і він падає
крізь стіл і підлогу,
крізь помешкання звірів і змій,
крізь рукави твоєї матері;
добрі пси біжать, показуючи
йому дорогу,
щур-перевізник причалює,
щоб забрати його на той берег,
підземний лелека
рятує його з дзьоба підземної сороки.
Доки нагорі все здригається,
він пливе наосліп
чорними водами
з увімкненим крихітним датчиком світла,
безстрашний Кітті.
І ми знаходимо його
вдосвіта
просто в постелі.
Ти розглядаєш його,
ніби завершення сну,
ще не готова до подиву.
Знаю: ти вже не заснеш.

## Medallion

The shoes we didn't get a chance to
are getting cold.
And their feet are big,
they have no need of it.
Their fingers are big
and they cannot, despite all the tries,
extract your medallion
from the very corner of the box.
They turn it upside down, shake it—
and the medallion falls
through the table, the floor,
through the dwellings of beasts and snakes,
through your mother's sleeves;
good dogs run, showing
it the way,
a rat on a boat docks
to take it to the other shore,
the underworld stork
saves it from the beak of the underworld magpie.
While up above everything's shaking,
it sails blindly
on the dark waters
with a tiny turned-on panel of light,
the fearless Kitty.
And we find it
at sunrise
right between the sheets.
You look at it
like at the end of a dream,
not yet ready to be surprised.
I know: now you will not fall back to sleep.

VC

• • •

А з надією що робити?
Вона ніби кінь –
ні кинути її на піску, ні брати
у човен.
Ще покірніша, ніж тоді,
коли везла нас на собі, майже
не просячи їсти.
Та й не її провина, що ми
не знайшли тут нічого,
а вже час
відчалювати.
Може, коли її відпустити, вона
повернеться до якогось свого
дому?
Якого дому?

• • •

And what shall we do about hope?
It is like a horse—
can neither leave it behind in the sand nor take it
aboard the boat.
Even more docile now than back when
it carried us on its back, almost never
asking for food.
It is not its fault that we
found nothing here—
and now it is already time
for the boat to sail.
Perhaps when we set it free it will
return to a home of its own?
What home?

VC

*Зі збірки «Адам»*

From the book of poems *Adam*

## Адам

Старий, а впійманий у дитячий сак!
На п'ятій тисячі років прокинутися з розмальованою вві сні
лисиною!

Хто я? Розгублений дідуган у костюмі фавна. І діти
хапають мене за руки, щоб провести крізь діру в огорожі
до саду,
де сторожем – мій бородатий приятель юності.

Урвище неба, будь милостивим до моїх незміцнілих крилець.
Ноче, відкрий мені м'яку печерку, дню, буди виткі рослини,
проклади світлом мою плутану дорогу.

Затамувавши подих, я пролітаю під бездиханними деревами.

Дмаа, Адма, Адам, Адам.

## *Adam*

An old man, yet got caught in a child's butterfly net!
At five thousand years old, woke up with my bald pate painted
    while I slept!

Who am I? A confused grandpa in a faun costume. Children
grab me by the hands to lead me through the hole in the fence
to the garden
where my bearded childhood friend works as a keeper.

Cliffs of the sky, have mercy on my soft fluttering wings.
Night, open a soft cavelet for me. Day, awaken the climbing plants,
pave my meandering path with light.

Holding my breath, I flutter under the unbreathing trees.

Dmaa, Adma, Adam, Adam.

IS

• • •

Кажеш, ми
лише тікаємо з великого у мале
і назад –
такі всі наші розмови?

А пам'ятаєш ту гру, яку
ми вигадали одного літа, коли світ
був, як бурштин,
що довго терся між великих грудей,
а ми не могли всидіти і не мали
куди подітися, і трохи нудьгували, а
трохи були безстрашними воїнами,
що переступають поріг таємниці,

і ти – правда ж? – вибіг на сонце
з темної комори й казав, що ніби осліп,
що бачив бульбашки, повні
летючих мурах,
і ми також хотіли побачити,
тобто осліпнути, ми не знали, як так
буває, і бігали зі світла у темряву,
а потім назад, у розпечений двір,
переносячи у зіницях свій рій, золотавий
у тьмі і густо-синій у сонці, або
рожевий і сірий, або райдужний і геть
чорний, головне було – не затримуватись
ніде,
бо, лише швидко рухаючись, ти бачиш
світло у темряві і темряву в світлі,
і в мерехтінні, напівсліпий, сам

• • •

You say we
just run away from big stuff into small stuff,
then back again—
and that's how all our conversations go?

Do you remember that game we
came up with one summer, when the world
was like a piece of amber long rubbed
between big breasts,
and we could not sit still and had nowhere
to go, and were part bored, and
part fearless warriors
crossing mystery's threshold,

and you—remember?—you ran out into the sun
from the dark storeroom and said it's like you went blind
said you saw bubbles full of
flying ants,
and we, too, wanted to see,
that is to go blind, we had no idea
how that works, and we kept running from light into darkness,
then back, into the scorching hot courtyard
carrying in our pupils our ant swarm, golden
in the dark and dark blue in the sun, or
pink and grey, or rainbow-striped and
pitch-black, the main thing was not to stay
in one place for too long,
because it's only when you move fast that you see
the light in the darkness and the darkness in the light,
and in this flickering, you, half-blind,

стаєш тим, хто видимий лише зрідка –
стаєш ангелом, так перебігаючи.

І хто з нас відтоді зупинився?

yourself become someone who is only occasionally visible—
become, by so running, an angel.

And has any of us stopped ever since?

IS

## Дзеркальце

Поки ти дивишся в дзеркальце, на моєму плечі пустує
шкоринка світла.

Найвищий час замовляти таксі, перед нами ще ціле
     захаращене місто,
а я чую, як вітер підступає з іншого боку і відчиняє кватирку,
за якою — вогні й олені у зжовклих паперових лісах,
     що пахнуть пригодою,
лікарняна палата, де я лічив дні до закінчення чверті й
     тріумфального виходу
з білості просто у зелень, повз ще блідіших
     за мене ровесників, а ти —
ти, уяви — приходила сюди майже щодня, і я бачив тебе
серед гілля за вікном, у глибокій перспективі палати, і навіть
крізь прикриті повіки ти виловлювала мене сонячним зайчиком,
                то був твій підпис,
я знав, я не міг помилитися.

*Я тут побуду ще трохи — ти вважай, що мене нема.*

## A Pocket Mirror

When you look into your pocket mirror,
a wedge of light lingers playfully on my shoulder.

Now is high time to call a cab, ahead of us is the whole congested
    city,
yet, from the opposite direction, I feel the wind approach and
    crack open the window,
behind it are the lights and deer in yellowed paper woods smelling
    of adventure,
a hospital room where I counted the days until the end of
    the term and my triumphant exit
from whiteness straight into the green, past other students—
    even paler than I; and you—
can you imagine? you!—used to come here every day,
    and I would see you
through the branches behind the window, or in the depth
    of the hospital room, and even
with my eyelids shut you would still reach me with your sunbeam,
                             your signature sunbeam,
I knew it, I could not mistake it for anything.

*I will stay here just a little longer—pretend I'm not here at all.*

IS

• • •

Ми проїхали місто, повне подарункових вогнів.
І тепер, коли майже все світло позаду, я просто прошу тебе
Приручити мені якусь тварину і навчити мене гратися з нею.

Я волів би бути її швидкоплинним тілом.
Їхати, співаючи, наосліп, як п'яний велосипедист у зливу.
Коли він у незв'язній клятві б'є себе в серце і слухає,
          як воно гуде.

Волів би підніматися з нею на мокру палубу і шукати тебе очима,
Смішний, як іграшковий вулкан, що бризкає малиновим соком.
Волів би повернути все, трохи змінити нахил вітрил, і мчати

Під старою примарною назвою, і викидати на берег радісні
          перли.
Проте вертаюся і засинаю, встромившись носом у купку теплих
Клітин: яке світло осідає на сонній шерсті, у яку красу витікає

звичайне земне життя!

· · ·

We drove through a city brimming with festive lights.
And now when almost all light is behind us, I simply ask you:
Tame for me some animal, teach me how to play with it.

I'd like to become its swift-moving body,
Ride blindly, singing—a drunk cyclist in a rainstorm;
Swearing incoherently, he punches at his own heart, listens to it
     hum.

I'd like to climb with it a glistening boat deck, seek you out
     with my eyes,
Comical like a toy volcano spewing raspberry juice.
Would like to bring everything back, change slightly the angle
     of the sails, then speed away

Under an old ghostly name, throwing joyous pearls on the shore.
Instead I return and doze off, pushing my nose into a bundle
     of warm
Cells—what a light settles on the sleepy fur; what a beauty is that
     into which

Mundane earthly life empties itself!

VC

## Останній лист

Ти виходиш, зачинивши пітьму, ніби стіл.
Скільки одягу ми перемололи!
Скільки яхт запливало у наші води, скільки
там було феєрверків і тіл! Як врізалися
ми в сонний натовп, озброєні акордеоном!

Але тисяча тихих вівторків варта години плачу.
Один із сусідів колись зупинить на тобі гарячу стрілку.
Дітиська влаштують свій сховок у відкритому
боці дощу, і не буде хвилини без їхнього стуку і сміху.
Ти будеш радіти вечірнім приїздам,
тонутимеш у пухнастому килимі, повному іскор;
твій тихий магніт буде іскрити, доки стукає в двері
мокра рука. І все станеться так, ніби ти
довго молилась миловидим богам неділі.

Будь зі мною, ціла ноче без сну,
ціла ноче сигнального вогню.
Якщо я випадково схитнусь,
тримай мене за бліду ступню.

## The Last Letter

You are leaving, slamming the darkness shut, like a desk drawer
So much clothing we tore through!
So many yachts entered our waters, and so many
fireworks and bodies mingled there! How we would crush into
a drowsy crowd, armed with an accordion!

But a thousand quiet Tuesdays are well worth an hour of tears.
One day, a neighbor will point their burning arrow at you.
Children will make a shelter in the rain's side
ripped open, and not a minute will pass without their noise
    and laughter.

You will rejoice in evening arrivals,
will drown in a fluffy carpet teeming with electricity;
when a wet hand starts knocking on your door, your quiet magnet
will shoot sparks. And everything will happen precisely as if
you have been praying a long time to the comely gods of Sundays.

Stay with me, sleepless night black as soot,
painted with signal flare.
If I stumble, hold me by my pale foot
while I'm hanging in there.

IS

141

## Ніч

У вікнах сторожки ходить світло,
ніби зіниці того, хто прокидається. Я покажу.

Сторожка, а чіпляється за береги, йде кудись –
знов не сама, коли вже, здавалось, не буде інакше.
А може, досить поспати в її рухливій півтіні?
Побути через стіну із тим, хто дивився у
наймерехтливіший ліс? І повернувся?

# *Night*

The light stumbles in the windows of the guardhouse,
like the wandering gaze of a sleeper waking. I'll show you.

The guardhouse, too, is on the move, grasping at the riverbanks,
not alone, again, though this seemed out of the question.
Perhaps it might suffice to sleep in its restless semi-shade?
To stay just across the wall from someone who gazed into the
most shimmering of forests—yet still came back?

IS

● ● ●

Ми з'їхали в ніч, як на великий пором;
велосипеди, намоклі й хиткі, ніби лошата, народжені
в морі, готуються трохи пожити своїм життям.
Ти хочеш співати,
і твій голос – сильний і чистий, ти тримала його давно, –
вистрелює вгору, ніби сигнальна ракета, щоб
освітити собою зовсім порожні поля.
І до мене раптом доходить, що спів – той людський
протяжний звук, що інакше був би нестерпним, –
існує, щоб ми могли довго йти одне за одним,
йти слід у слід у нічній пітьмі.

## *Our Descent into the Night*

Our descent into the night was like pedaling over onto a large ferry;
our bicycles, wet and wobbly, stood like foals, born
in the sea and getting ready to live, for a bit, the lives of their own.
You want to sing,
and your voice—strong and clear, for you have been holding it
    for a while—
shoots a signal flare high into the sky,
shining its light onto the barren fields.
And suddenly I realize that singing—this drawn-out
human sound that, under other circumstances, would be unbearable,
exists so that we could follow each other for a long time,
step by step, in the darkness of the night.

IS

## Сашко

«Знаєш, коли я вперше подумав про –
хто його знає – смерть чи безсмертя?
Коли зі старого сільського автобуса, яким я їздив
до школи, одного разу повикидали сидіння,
щоб возити ним сіно.
Він був ніби опудало на колесах. Їздив тією самою
дорогою – бо іншої не було – лише перестав
зупинятися на зупинках.
Багато років по тому дідусь, коли вже
мав дуже тяжкий склероз, так само минав
нас, не впізнаючи, щільний і порожній, як камінь.
І я уявляв, що він уже бродить своєю смертю, і
невідомо, чи буде інша.
Тепер я собі думаю: що, коли ми
безсмертні? Лише непомітні, як все,
що знаходить своє досконале призначення?
І хтось багато разів нас кладе і випорює,
ніби шов, аж поки він стане міцний і зовсім
невидимий?»

## Sashko

'You know when I first thought of—
who knows—mortality or immortality?
It was when they took that old village bus
I rode to school, and removed all its seats
to transport hay inside it.
It became an empty shell on wheels. Still riding
The same road—for there was one road only—but no longer
stopping at bus stops.
Many years later, my grandfather, whose MS
by then was highly advanced, would, too, pass by
without recognizing us, empty and thick, like a stone.
And I imagined he was already wandering inside his own death, and
it was unclear if he would die again, later.
Now, I think to myself: what if we all are
immortal? Just inconspicuous, like everything
that finds its perfect purpose?
And someone keeps stitching us up, then ripping us out,
like a seam, until we become really strong
and entirely invisible?'

IS

147

## Отець Шуплат

Ми боялися сідати в його крісло,
щоб до нас не вихилились його тіні,
те щось, від чого він стогнав, коли залишався
у кухні сам. Як він заливав кротів у
норах – такого завзяття я більше ніколи не
бачив. Як нищив гніздо ос, котрі
якось покарали мене за мою
надмірну допитливість! Але щоразу
брав до лісу рушницю й ніколи
не приніс більшої здобичі, ніж мішечок
грибів.
Не знаю, хто говорив до нього з уявної
слухавки, хто переслідував його
у післявоєнному Станіславі, може, були тортури,
може, розпікали хрест і прикладали до голих
грудей, я чув про таке. Зрозуміло:
далеко втекти неможливо, можна
лише сховатись за камінь і повернутись
лицем до води. І передихнути трохи,
поклавши на коліна незаряджену зброю,
і дивитись у день, доки він не приніс ще
ніяких новин,
і на всіх хвилях ще музика.

## Father Shuplat

We were afraid to sit in his chair,
so that his shadows would not lean over us,
those things that made him groan when he was
alone in his kitchen. How he drowned moles
in their tunnels—I never saw a passion equal
to his. How he destroyed a wasp nest
built by those very wasps that once
punished me for my excessive curiosity! Every time,
he carried a gun to the woods with him, yet never
brought back any game larger than
a bag of mushrooms.
I don't know who spoke to him from the imaginary
telephone's receiver, who followed him
in post-war Stanislav. Perhaps, they had tortured him,
perhaps, they had burned his naked chest with
a red-hot cross, I heard of such things. Clearly,
you cannot run far enough, you can only
hide behind the rock and turn to face
the water; catch your breath a little,
with your gun on your knees, not loaded;
stare into the day, while the day is still devoid
of any news,
while they are still playing music on all the radio stations.

IS

149

## *Лейтенант*

Я різко звернув і з'їхав просто у ліс. Дорогою
не можна було, позаду йшла наступна колона.
Бах! – і вогонь відступив, щоб за мить нас обняти.
Може, хтось вирішив прочитати нас
крізь брезентові конверти,
просвітливши до найдрібнішої жилки?

Хто вірить у рівновагу подій, хай вважає мене справедливо
покараним. Дезертир? Головешка,
якій незручно показатися лікареві,
кохатись при світлі, до того ж ніколи – удруге.
Заслужене посміховисько, дурний дядько
для дітей з родини, який дозволяє собі напиватися,
йде з найменшими в сад, коли їх виганяють
погратися. Сам; із майбутнім, заткнутим
кольоровим шматтям і розпоротою ковдрою.

Приклад ні для кого. Кручусь на стільці, ніби у мене
вселився дух: до вікна – день, до стіни – ніч,
ідеально круглий, з діркою посередині.

## Lieutenant

I took a sharp turn and drove straight into the woods. I could not
stay on the road: there was another motorcade behind us.
Boom!—and the fire retreated, only to engulf us a moment later.
Maybe, someone decided to read us
through our tarpaulin envelopes,
shining the light of the blaze through us to make every tiniest vein
    stand out?

Whoever believes in just retribution, should consider me
rightfully punished. A deserter? A charred thing
embarrassed to show itself to the doctor,
to make love with the lights on; besides, never doing it twice.
A laughingstock, and justly so. A foolish uncle
to the family's children, who lets himself get drunk,
then goes into the garden with the youngest, when they
are chased out of the house to play outside. On his own,
    with a future
whose holes are plugged with gaudy rags, carrying a torn blanket.

Nobody's role model. I swirl on my swivel chair as if possessed
    by a spirit:
facing the window means daytime, facing the wall means nighttime,
I am perfectly round, with a hole inside.

IS

• • •

Дякую: мабуть,
я нечасто проходив між лезами. Майже вся
вділена мені пітьма прошуміла поза моєю
спиною.
І тобі, Найтихіша Руко, я не маю чого
повернути —
            все найгірше, що я чув або бачив,
мені не належить.
Але все ж забери собі 47-й рік.
            Я віддаю його, бо
більше ніхто тобі його не поверне.


Почну з листопада, коли
батьки мого батька стояли на
            залізничному насипі
зі своїми валізами й клунками, крихтами
назавжди не їхнього дому.
            Тут
їм сказали селитися, в цьому місиві з глини,
заліза і листя.
            І якби не вітер,
що раптом зірвався й почав їх термосити
за коміри й рукави, вони
            залишилися б на ніч на колії,
у своїх
тимчасових гніздах, які віддавали ще те тепло.
Але зійшли і тремтіли до ранку
в рідкому чагарнику, і блукали
            поміж дрімотою
і каламутним сном.

• • •

Thank you; perhaps
I seldom passed between the blades. Almost all
of the darkness allotted to me had rumbled behind
my back.
And to you, the Quietest Hand, I have nothing
to return—
          the worst I have seen or heard
does not belong to me.
But still, take back the year 1947.
                    I give it back, for
no one else can return it to you.


I'll start with November, when
my father's parents stood on
                    a railway embankment
with their suitcases and bundles, tiny pieces
of home that was now forever not theirs.
                    Here
they were told to settle, in this mess of clay,
iron, and leaves.
And if not for the wind,
that suddenly broke and started grabbing them
by their collars and sleeves, they
would have stayed for the night on the tracks,
in their
temporary nests, which still radiated that warmth.
But they stepped off it and shivered until the morning
in the scrawny bushes, and wandered
                    between the sleepiness
and the cloudy dreams.

A на ранок
уже не було до чого вертатись, вночі
проїхав локомотив.

Послана по них смерть
подерла їхні валізи.

Найтихіша Руко, що ж,
ти спромоглася на вітер. Тепер забирай усе —
разом з тим вітром,
і листям, і клаптями одягу, і потрощеними
склянками.

Я не навчився складати подяку
за одне зупинене жорно,
за прірву, до якої стоїш спиною,
за ті рідкісні міліметри, на які помиляється
*їхня* сталь.

And in the morning
There was nothing to return to: at night
a locomotive passed through.
                    The death that was sent for them
destroyed their suitcases.


The Quietest Hand, oh well,
you managed to summon wind. Now take it all—
                    together with that wind,
and the leaves, and the shreds of clothing, and the smashed
glass jars.
          I haven't learned to say thank you
for the one stopped millstone,
          for the abyss behind my back,
for those rare millimeters of error
                    of *their* steel.


                                        VC

• • •

То була для нас ризикована іграшка:
стати біля самого краю лісу і крикнути туди щось образливе,
а тоді бігти, не озираючись.

Потім біг відлунював навіть у сні – простий танець
світу,
який присідав і випростовувався в нас перед очима, скидаючи
в русі кілька пожовклих листків.
І треба було заглушувати власні кроки, тому ми насипали
повні кишені дрібних ключиків і монет,
і голосно брязкали, біжучи – недорослі
кентаври з головами в тіні й п'ятами у яскравому світлі,
у бризках води, яка була на нашому боці, – ми тікали
й розхлюпувались,
як повні по вінця склянки на столі,
де танцює хтось дуже великий.

• • •

This for us was a risky game:
stand near the edge of the forest, shout something offensive in there,
and then run, not looking back.

Afterwards the running echoed even in our sleep—a simple dance
of the world
that squatted and straightened up in front of our eyes, knocking down
in the process a few yellowed leaves.
And you had to muffle your own steps, therefore we poured
our pockets full of small keys and coins
and loudly clanged while running—underage
centaurs with heads in the shade and feet in the bright sunlight,
in the spray of water, which was on our side—we fled
and splashed around
like filled to the brim glasses on the table
where someone very big is dancing.

VC

## Алінка

У дванадцять років я мала короткі сни, в яких було сумно
й нічого не діялось.

Я прокидалася й читала під ковдрою, на сцену перевернутої
    долоні
виходили змоклі вершники.

Рибалки обмінювалися короткими командами, стоячи
над озерами з дрібненьких слізок.
                    А вранці
можна було дивитись на себе у дзеркало
і ворожити зі соляних стежин.

Я була приміткою до великої комети, котра ще ховається.
І якби серед ночі хтось раптом постукав у дах, я, певно,
    встала би
відчинити.

Світло не розрізняє адресатів. Світло – це я.

## *Alinka*

When I was twelve I had short sad dreams during which
nothing happened.

I woke up and read under the blanket; drenched horseback riders
    entered
the stage of the upturned palm of my hand.

Fishermen exchanged brief commands, standing
above the lakes made of tiny tears.
                 And in the morning
I could look at myself in the mirror
and tell fortunes based on the salty tracks.

I was a footnote to a large comet that is still hiding.
And if in the middle of the night someone suddenly knocked
    at the roof, I would surely get up
to open.

Light does not distinguish its addressees. I am the light.

VC

# Аліна

Танцювала, бо вечори ще теплі,
і світ закручувався, як
килим після міського свята,
і були світла над червоним листям.
Танцювала, бо хотіла повернутись і
знала, що уява не воскресить речей.
Танцювала, бо хай краще тіло пригадує:
так прокинулася, так засинала
на вогкій палубі, так чекала, доки
повантажать речі. Так бігла
за клаповухим псом, якого не хотіла
їм залишати.
Танцювала, бо немає вже
місць, штампів, зворотних
адрес, банків, комендатур, немає
вулиці, водяної помпи, недофарбованого
паркана, мильничок, щиток.
Все — в одній рухомій точці,
такій стиснутій,
ніби зап'ястя, в якому зібралась
вся кров.

## Alina

She danced: the evenings still were warm,
and the world rolled up like
a carpet after a city fair,
and lights shone above the crimson leaves.
She danced, for she yearned to return and
knew that imagination would not resurrect things.
She danced, to make the body remember better:
this was how she woke up; this, how she fell asleep
on the wet boat deck; this, how she waited for
them to load her belongings. This was how she ran
after a lop-eared dog which she didn't want
to leave for them.
She danced, for there no longer were
places, stamps, return
addresses, banks, military police buildings, no
street, no water pump, no fence they didn't finish
painting, no soap dishes, no brushes.
Everything's in one moveable spot,
so compressed,
like a wrist in which all the blood
had gathered.

VC

## Зонґ

Світло неспокійне, як шерсть на вітрі –
кінець лютого, полудень, –
і багато облич над великим
аркушем снігу: лише їх уявив, а вони тут як тут –

ряд змерзлих Місяців, цілком невидних, якби
не відбите сяйво. Тут хлопці купують жетони і
прикурюють від одного вогню – як
непотрібні маятники, приєднані
до скрипучої шестерні. Закіптюжена і швидка
флотилія на тлі сухопутних батьків.

Не створених за жодним образом, за нічиєю подобою,
– знаю – між однакових дерев
їх водить блискучий король.

## Song

Light is restless, like fur in the wind—
end of February, noontime—
and a multitude of faces above the giant
page of snow: just imagine them, and here they are—

a row of freezing Moons, fully invisible if not
for the reflected light. Here guys buy tokens and
light up smokes from the same fire—like
useless pendulums attached
to a creaky cogwheel. A soot-stained and swift
flotilla against the background of landlocked parents.

Not created in anyone's image, in anyone's likeness—
I know: through identical trees
they are led by a brilliant king.

VC

## 1991

Не пам'ятаєш, хто придумав тоді
посилати їй листя в конвертах? Найвище
кохання мало говорити загадковою
мовою, правда?
І, певно, вона підгледіла
когось із вас біля скриньки, бо
одного дня
мовчки висипала мені жмут
того листя на парту – клен, магнолію, крадений
олеандр з біологічного класу.
Тоді я хотів убитися, а тепер собі думаю:
чому вона цілий рік громадила весь той
гербарій? Чому не викидала,
що вона в ньому читала? Чи я,
звичайний, веснянкуватий, в товстих
окулярах,
вийшов перед нею на якусь притемнену сцену,
де вже звучав вступ до найглибшої таємниці?
Їй було лише смішно чи
вона вибігла з залу, засмучена,
як дитина,
що раптом помітила кеди вертепного янгола?
Хто скаже? Хто має силу
назад завертати світло?

## 1991

Do you recall who came up with the plan
to mail leaves to her in envelopes? Supreme
love ought to speak a mysterious
language, right?
And she must have spied
at one of you by the mailbox, for
one day
she silently poured a bunch
of those leaves on my desk—a maple, a magnolia, the stolen
oleander from the biology classroom.
Then I wanted to kill myself, but now I wonder:
why for the whole year did she pile up that entire
herbarium? Why didn't she trash it,
what did she read into it? Did I,
so ordinary, freckled, in thick
eyeglasses
step onto some darkened stage in front of her
where the overture to the deepest secret was already playing?
Was she merely amused, or did
she run out from the hall, saddened
like a child
who suddenly noticed the Christmas play angel's sneakers?
Who can tcll? Who has the power
to turn light backwards?

VC

## Щось постійно горіло попереду

Щось постійно горіло попереду —
не орієнтир,
не знак заблуканих,
не багаття, не знак остороги,
нічиє житло, нічиї
полювання чи війна, що спинилася
тут назавжди,
не людина, не звір,
не сухе дерево, що впало у своє
чистилище,
невідступне, як душа світила, не
наказ і не допомога,
щось
солідарне з нами в безвиході,
безутішне, коли нам безутішно,
спокійне, коли
миримося з утратою.
Однакове в час війни і миру,
глухе до прохань, але стривожене, коли
мовчимо надто довго. Однакове
для королів кварталу
і тих, кого женуть сходами.
Короткозоре і чуйне,
ніби мати в глибокій старості.
І не надія, бо
буває так, що немає надії,
а воно — є.

## *Something Always Shone in Front of Us*

Something always shone in front of us:
not a waymark,
not a sign of those who lost their way,
not a bonfire, not a warning sign,
no one's home, no one's
hunting party, nor the war that had stopped
here for good,
not a man, not a beast,
not a dry tree that fell into its own
purgatory,
relentless, like the soul of light, not
a command, and not assistance,
something
in solidarity with us when we're at a dead end,
inconsolable when we are inconsolable,
calm when we
make peace with a loss.
Unchanging in times of war and peace,
deaf to requests, but anxious when
we stay silent too long. The same
for the neighborhood kings
and for those chased down the stairs.
Nearsighted and keenly responsive
like a mother in deep old age.
And not hope, for
sometimes there is no hope,
but it is still with us.

VC

# Дім

## 1

Мисливська дорога, мощена старим каменем: колись
звалася Баронівкою, тепер "Баранівка" – хоч які вже
тут барани?
Все спрощене до двох тактів, і ліс
проглядається наскрізь.
Суворі чоловіки в картатих сорочках сидять верхи
на кентаврах, схрещених із трактора і мотоцикла.
Дочекаємось вечора,
доки зійдеться більше зелені, і промені
світла візьмуть нас попід коліна і пахви, повільно
підіймаючи. І те,
що шершало у темряві, заговорить.
Стара шопа під почорнілим ґонтом буде посольством
мудреців, що варять сир для дитини.
Легкі, визволені від дрібних бажань перед
обличчям того, хто достойний вічної слави, ляжемо
спати між овець, щоб уранці
повернути в бік дому.

# *Home*

## 1

A road used by hunters, paved with old stones; once
called Baronivka, now it's Baranivka (from *baran*, a ram)—although
what on earth do rams have to do with it?
Everything is stripped down to two bars, and the forest
is fully see-through.
Stern men in plaid shirts sit astride
centaurs, hybrids of tractors and motorcycles.
Let's wait for the evening,
when more greenery comes together, and the rays
of light grab us by our armpits and knees, slowly
lifting us. And that
which rustled in the darkness, shall speak.
An old nativity puppet stage under a blackened roof
      will become an embassy
of the magi making cheese for the child.
Lighthearted, freed from petty desires, facing
the one deserving eternal glory, we'll lie down
among the sheep, so that in the morning
we could turn back home.

VC

## 2

Так далеко не долетить куля, а я бачу тебе.
Як ти сходиш між дерев, несучи сповиток.
Поважна, як дівчинка, якій вперше довірили
молодшого братика.
Переступаєш струмок, певно, набравши
у черевики води.
І раптом зникаєш за двома рядками живоплоту,
за якоюсь дротівнею,
з-поміж дощок повітки
просіюється світло і гасне, попереду — похилі дуби
і смуга густої темряви, в якій старші діти
грають у хованки, і тебе не видно
вже багато хвилин,
а моє серце гупає і не може
перестати.

## 2

A bullet can't reach that far, but I see you
walking up through the trees, carrying a bundle.
Serious like a little girl first entrusted
with caring for her baby brother.
You step over a stream, likely filling
your shoes with water.
And suddenly you disappear behind the two lines of alley trees
and some wires;
through the walls of the shed
light flashes and then dies down; further ahead—bending oaks
and a stripe of dense darkness in which older kids
play hide-and-seek, and you can't be seen
now for several minutes,
while my heart is beating intensely and cannot
calm down.

VC

## 3

Були перегони річковим камінням,
і була різкувата, дуже прозора вода, і
були шанці в похилому лісі, куди
ми падали, ніби ягоди у рукав,
і був страх, і танці
з Оленками і Яринками, що пахли
помадою і молоком, і були вогні,
і дими, що передбачали погоду,
і старий кухонний стіл, що нам правив за
тенісний, і ми дурнуватими прізвиськами
замовляли одне одному майбутнє,
аж доки воно витоншувалося
й твердло, як стовбур, занурений у ріку,
і з сусіднього, вже затихлого
поля до нас залітав м'яч, щоб ми його
гнали до уявної цілі,
*і не було нічого, крім життя, а життя було*
*недосяжне.*

# 3

There was a race down a stony riverbed,
and there was the rather sharp, very clear water, and
there were trenches in the sloping forest, where
we fell like berries into a sleeve,
and there was fear, and dances
with the Olenkas and Yarynkas who smelled
of lipstick and milk, and there were fires
and smokes warning about the coming bad weather,
and the old kitchen table we used
for ping-pong, and we, using silly nicknames,
foretold each other's future,
until it thinned
and hardened like a tree trunk immersed in a river,
and from the adjacent, already calm
field a ball would fly into our place, so that we would
chase it to an imaginary goal,
and there was nothing but like, yet life was
unreachable.

VC

## Іван Олександрович

"Пам'ятаю, був там один малий,
насправді вже підліток, але
виглядав років на вісім, –
і його посилали до нас із листами,
ще часом передавали ним сир
або цукор,
бувало і так, що приходив
зовсім без нічого, але це
означало, що він десь загубив усе
по дорозі, бо його
ніколи не обшукували на вході, ніколи –
для *них*
його не існувало.
І знаєш, що я подумав: коли
ти пишеш вірш,
неначе посилаєш малого. І навіть
якщо він розгубить усе,
то пройде
до тих, хто по той бік,
як сам собі незрозумілий знак,
пройде,
щоб просто помовчати з ними."

## Ivan Oleksandrovych

"I remember, there was a kid there,
actually already a teenager, but
he looked about eight years old—
they sent him to us with letters,
and at times they'd also send over some cheese
or sugar;
it also happened that he arrived
completely empty-handed, but this
meant that he lost it all somewhere
along the way, for he
never got searched at the entrance, never—
for *them*
he didn't exist.
And you know what I thought: when
you write a poem,
it's like you send over a kid. And even
if he loses everything,
he would still get
to those who are on the other side,
like a sign incomprehensive to himself;
he would get there
to simply sit silently with them."

VC

*Зі збірки «М'яч у пітьмі»*

From the book of poems
*The Ball in the Darkness*

## Рухомий вогонь

Простирадло, нагріте за вечір випарами ріки, пошарпане
   потрійним
ножем сліду; щось переслідувало нас – зламана гілка,
куряча кров – цілу дорогу. Пам'ятаєш, коли ти вперше
   відчула страх?
Зірка, здавалося, світить зсередини, з-під нам'ятого брезенту,
   з дна
того сміттєвого озера, чиї джерела ми необережно відкрили.
Раз і два, можна не рахувати, ти вже спиш, впасована
   у півколо намету,
а далі – у неправильний багатокутник кар'єру, забувши
   про велосипед,
що мокне під дощем.
Рухомий вогонь, *Lauffeuer*, так міг би називатися
   міжконтинентальний експрес
чи якась міжнародна розвідувальна операція, але чомусь тут,
на краю обжитої частини Європи, це слово повертається,
   як пароль,
блищить по наелектризованих мокрих рейках, спалахує двічі
   у темній будці
обхідника. Хтось прокинувся там?
Скільки ще знаків нам потрібно, щоб ми повернули назад?
Через густий дощ, певно, не скористаємося запрошенням
   пропахлих глиною
і будзом пастухів з долини,
так і залишимось тут, серед спалахів, від яких полотно
   просвічує кожною ниткою.
Спинена й охолола кров лишає по собі вулканічні русла,
   спалені трави; ми
ще трохи на плаву, а потім – уже завжди на плаву,
   непотопленні, як злива,

## Running Fire

A blanket, warmed up through the evening by the river's vapors,
    slashed open
with a triple wound of footsteps; something chased after us
    all the way:
a broken branch, spots of chicken blood. Do you remember when
    you first got scared?
The star seemed to be shining from inside, from under
    the crumpled tarpaulin,
from the bottom of that muck lake whose springs we have
    carelessly disturbed.
Once, then again; no need to count: you are already asleep, fitted
into the tent's semicircle, then into the irregular polygon
    of the quarry, forgetting
the bike that will get soaked in the rain.
The running fire, Lauffeuer; this could be the name of
    a transcontinental express train
or some international intelligence operation, but instead, here,
at the very edge of inhabited Europe, this word somehow
    keeps returning, like a password,
glistening on the electrified wet railway, blazing brightly twice
    in the dark
trackman's house. Who has awakened there?
How many more signs do we need to turn back?
Because of the pouring rain, we will, likely, refuse the invitation
    of the shepherds
from the valley, smelling of clay and sheep milk cheese.
Instead, we will stay here, among the flashes making the tarpaulin
    see-through.
Our blood, no longer running, no longer warm, leaves in its wake
    lava traces, burnt grass;

стоїмо під щільно оточеним небом, звідки чути щось крізь
   захриплий мегафон, як
з місця катастрофи. Хтось ув'язнений у перекинутому вагоні?
Ріка десь зірвала міст, по якому їхав автобус з переможеною
футбольною командою?
На цю годину новин більше немає, надходять туманні чутки.
   Проте
непідписаним можна знехтувати.
Невикористане світло повернеться назад, на невідому
   тобі адресу.
На світанку я йду на берег шукати забутий тобою купальник,
   момент запізнілої,
та ще й дуже сумнівної близькості. Велосипед лежить там,
   де слід,
политий, пророслий відблисками. Все працює у заданому ритмі:
дихання ріки, стукотіння колії,
дощ погасив солому, що горіла, як маяк, розкладена
   на залізних прутах.
Вогонь зупинився у цій обвугленій клітці.
Його останній подих був десь о четвертій ранку, коли живі
   рідко думають про тих,
хто вже *майже там.*

We stay afloat a little longer, then swim forever, unsinkable like
    this rainstorm,
standing under the sky, completely surrounded, we hear a voice
    as if from a hoarse
loudspeaker, as if from a disaster relief area. Is anyone trapped
    in an overturned train car?
Has a river ripped away a bridge somewhere, drowning a bus
    with a defeated football team?
As of this hour, we have no further updates; only rumors
    are circulating. However,
whatever has not been signed can be safely ignored.
Unused light will be returned to an address unknown to you.
At dawn, I go to the riverbank to look for the swimsuit you left,
    a moment of belated,
moreover, highly dubious intimacy. The bicycle rests where it
    should be,
all wet and gleaming. Everything works in its proper rhythm:
the breathing of the river, the clickety-clack of the railway;
the rain has drenched the straw that until then, was burning,
    spread on the iron grating,
like a light in the lighthouse. Now, the fire in this cage has been
    put out.
It took its last breath at four in the morning, when the living
    hardly ever
think of those who are *nearly there*.

IS

## Сніданок на траві

*Où es-tu passe, mon Saint-Germain-des-Prés?*...Тонка
шоколадна платівка,
«маленькі сніданки»; десь уже відбулася ця рекординґова
сесія за участю
слонів і каштанів, от тільки на якому березі тепер
розвантажують звук?
*Pras-pras!* Можна взагалі зійти до звуконаслідування,
до жестикуляції –

Ріка все одно буде припливати до тебе кожного разу,
як дельфін, зі своїм свистом, співом, можливо – дитиною,
що сидить на спині
й викидає прапорці
фанерним літакам. Небо над басейном. Все, що було легшим
за тебе,
вже давно там.
Чотири на вісім, п'ять на один, на нуль, і ще раз – із самого
початку,
з підняття якоря.

## Breakfast on the Grass

*Où es-tu passe, mon Saint-Germain-des-Prés?* . . . A thin,
    chocolate-colored gramophone record,
Those *petit-déjeuners*—This recording session, involving elephants
    and chestnuts,
already took place somewhere; but where do they now unload
    the sound? On what shore?
Pras-pras! We can reduce things even further: to onomatopoeia,
    to gestures:

Still, the river will swim up to you every time, like a dolphin,
    with its whistling,
with its singing, perhaps with a child sitting on its back,
            using flags to signal to plywood airplanes.
The sky above the swimming pool. Everything that was lighter
    than you
            is already up there.
Four times eight, five times one, times zero, and one more time—
    from the very start,
            from the anchor's raising.

IS

*Eva*

Старий університетський корпус, який називають «Казарма»,
                                    і майже завжди зачинений
Ботанічний сад; кілька з нас перестрибували на роверах невисокі
                                    ланцюги огорожі,
Спинялося перехрестя, проклинаючи зміну Світла. Мої
    недорослі духи
Будуть берегти Тебе, Єво. Тоді я довго не відчиняв,
    вдихаючи пах
Повної ванни троянд після шкільного свята, шампуню
    «Сіль із вишнею», який Ти Любила;
Міністр внутрішніх справ країни кефіру пунктуально закривав
    свої кордони
Щоранку, коли час було бігти на Стадіон, і у вітті шуміли
    пробуджені;
Я терпляче чекав, поки Ти поговориш зі старшими,
    я уявляв собі кермо і обертав
Перед Тобою зображення, повне невідомих мені знаків,
    впізнавав себе і ставив на Позначці «0», і рухався,
    як у танці засинання; впізнавав Твоїх друзів
                                    і домашніх тварин,
І також визначав їм числа, близько до себе. А далі дуже
    глибоко залітали птахи,
Я таки говорив до Тебе мовою пір'я, але знаєш,
    як пір'я все пропускає,
Ніби п'яний патруль. Це має назву «синдром пелікана», я був
                                    просто блискучим
Зразком; і коли я з ганьбою повернувся за парту, згадалося Твоє
                                    оте єдине речення:

## Eva

The old university building, also known as 'the Barracks,' and the
Botanical Gardens,
Almost always closed; some of us would jump on our bikes over
the low-hanging chains
                                   of the fencing,
The intersection would stop, cursing at the change of the Light.
    My juvenile spirits
Will watch over You, Eva. I used to keep the door closed for
    a long time, breathing in
The smell of the bathtub filled with roses after
    a school celebration, the aroma of Your
'Cherry Salt' shampoo. The Minister of Home Affairs
    of Kefirland closed the borders
Every morning right on time for the dash to the Stadium,
    when the waking branches rustled.
I waited patiently for You to speak with the adults;
    I imagined myself behind the wheel,
Driving through a game board full of unknown road signs;
    I recognized myself
And placed myself at zero, and danced ahead as if in a dream;
    recognized Your friends
                                   and Your pets,
And placed them on the board, too, close to myself. And then,
    the birds would fly in,
And I did speak to You in the language of feathers, but you know,
    feathers
Let everything through, like a drunken police patrol. They call
    this 'the pelican syndrome,'
                                  and I was its perfect

«Щоб не хвилюватися, я уявляла людей деревами». Єво,
я перестав

відгукуватися на
Власне ім'я.

Example. And when, embarrassed, I returned to my desk,
    I remembered
                                that single sentence of Yours:
'To worry less, I would imagine people as trees.' Eva, I no longer
                                            respond to
My own name.

                                            IS

## Повернення

Тиха і зблідла, як заблукане світило чи
склянка з фосфорною водою, несена потоком всього,
що ми тут наговорили, вихором тепла і попелу, камфорним
запахом любові, камерною музикою пружин
з литого каучуку,
клубищем інших звуків, яких я не вмію читати, голосів
подруг, що їх знаю з розповідей і фото,
щебету дзвінків, скрипу велосипеда, який тепер у мансарді,
     ще мокрий,
тихне і западає в дрімоту, мов старий механічний геній,
ти повернулася, отже, з нас тоді кожен поцілив себе у п'яту.


«Знак остороги» називалася серія, в якій герої готують
     фруктовий чай
і бояться відірвати погляд від хиткої води. Пам'ятаєш?
Вона ширяла на гойдалці, виписуючи дуги і співаючи
     «над прірвою в листі»,
він викликав березневих духів, запускаючи бриль,
     як бумеранг.
Але мовчання – мовчання забирає найкращих. Ніхто з них
     не озвався ні словом.
І якщо любовні вірші смішні й подібні на в'єтнамську рикшу,
     то як же без слів – звичайних, ніби морська вода?
     Після Берґмана нам підсовують
серіал, а це означає, що ми вдруге підемо у той же клас,
     як сумні перерости.
Ще мовчазніші, з очима новонародженого тюленя,
всередині принесеної кимось музики,
нерухомі, як розпаровані черевики, у двох різних кутах
танцювальної зали.

## The Return

You returned, quiet and pale, like a lost heavenly body or
a glass of phosphorescent water; you were carried by the stream
of all these things we said, the whirl of ashes and warmth,
the camphor smell of love, the chamber music of springs
made of rubber,
by the tangle of other sounds I could not recognize, the voices
of your girlfriends I knew from stories and photos,
by the chirping of phone calls, the creaking of the bike,
      now in the attic, still wet,
growing quiet and falling asleep, like an old ingenious mechanic;
you returned, and so both of us have shot ourselves in the foot.

It was called 'The Warning Sign,' that episode where
      the characters
were making fruit tea, afraid to look up from the swaying water.
      Remember?
She would fly up on a swing, drawing parabolas,
      singing 'the catcher in the leaves,'
while he was summoning the spirits of March,
      throwing his hat like a boomerang.
But silence, it takes away the best ones. Neither of them spoke
      a single word.
And if love poems are laughable, resembling a Vietnamese
      rickshaw, then how can we
make do without words – as plain as seawater?
      After Bergman, they shove at us
a TV series, which means we will have to repeat a year,
      like overgrown schoolchildren.
We have grown even more silent, our eyes like the eyes
      of newborn seals,

Я вдавав фотографа, ти, здається, впросилася підносити
    гостям келишки.
І як повернутись із заекрання? Мов рибалка,
вимкнути мотор посередині шторму й покластись
        на одне тільки
завчене роками закляття? Повторювати, ніби машина,
    що змішує небесну
й озерну воду, повторювати, як піанола, заведена іншим
    ключем:
сурма, ломикамінь, любов, любов,
сурма, ломикамінь, любов, любов.

dwelling inside the music someone brought there,
we sat immobile, in two different corners of the dance hall,
like mismatched shoes.
I pretended to be a photographer; you, I recall, were bringing
    drinks to the guests.
And how do we return from life behind the screen? Should we be
    like fishermen,
Who turn off the boat's engine in the middle of the storm
    and rely only
on that magic spell memorized over the years? Should we repeat,
    like a machine,
mixing the lake waters with the celestial waters, repeat like
    a player piano
wound up with the wrong key:
trumpet, rockfoil, love, love,
trumpet, rockfoil, love, love.

IS

• • •

*(Для Сюзі)*

Я вперше за довгий час зрадів зливі, яка принесла хоч
невелику зміну.

Позаду була безсонна ніч, а я дивився, як діти грають
    в якусь коротку гру, По одному вибігають, покрикують
    кілька слів у дощ і кидаються назад
Під бляшаний дашок, і сміються вже разом.

Так і в мене влетів якийсь сміх, як кульова блискавка,
    дощ ніби
перекинувся сторчголов
Переді мною, і я раптом почав реготати, все закрутилося,
    як пралка, повна
Білого вина,

І було, як глибоко під водою: «Вдихай, але залишишся
    нашим королем», –
і я ще вагався,
Якщо це можливо – вагатись і реготати одночасно,
А далі збіг униз, де вічно недорослі клени ніби крутилися
    поміж краплями,

І кричав, дайте більше піни, відкрийте шлюзи йоґурту
    з соком, і кричав,
Вимкніть свої колонки, бо буде замикання і великий
    феєрверк, і наречені
Будуть згадувати цей день із соромом, і дивився,
    як дерева ухиляються

• • •

*for Suzie*

For the first time in a long while I was happy the rainstorm
    came and brought about
               at least a slight change.

A sleepless night was behind me, and I watched the kids play
    some sort of brief game,
running out one by one, yelling a few words into the rain,
    then rushing back
under the porch roof and laughing there together.

That's how some random laugh entered me, too, like a ball
    of lightning; the rain seemed to
have turned upside down in front of me.
I suddenly started to laugh, and everything spun like the insides
    of a washing machine
               full of white wine.

Everything was like deep under water: 'Breathe, but you'll
    remain our king,'
still, I was in doubt,
If being it even possible to doubt and howl with laughter at once;
and then I ran downstairs where maples, always scrawny,
    seemed to whirl
               between the raindrops,

And I yelled: give me more foam, open the sluices of yogurt
    and juice; and I yelled:

від найбільших
Крапель, і пробував так само.
Діти збилися в купку під своїм дашком, мокрі й кольорові,
     як один
екзотичний корал,
А я був їхнім королем, і не міг видихнути.

turn off your loudspeakers, because we will have a blackout
   and great fireworks, and brides
will be mortified when remembering this day; and I watched
   the trees lean away
                              to avoid the biggest
raindrops, and was trying to do the same.
Children huddled together under their roof, drenched
   and colorful, like a single exotic coral,
And I was their king, and I could not breathe out.

IS

195

## 15 секвенцій

З цим зубом, що росте собі потай, користаючи з мого сну,
Аби одного ранку, мабуть, заблиснути, як страшна зброя,
З усе ще непоганим тілом, хоч і вже повільнішою течією рідин
І додатковою мілісекундою, потрібною, щоб зареагувати,
Я все ще можу спробувати підкупити хоча б найнезначнішого
    ангела.

Роздратовані боги усього мого життя, грізні й ласкаві духи,
Що чекають від мене найжорсткішого «ні», колесо,
Що котиться саме собою, гнане вітром і передчуттям зливи,
Усі істоти, котрі приходили, аби мені щось показати,
Тут затихають і віддаляються, ніби пишучи в інший бік.

Рівний ритм, як на суданському ринку, інакше говорить
Про той же простенький смуток. Заблукана амбасада
    вольфраму,
Що подає мені мерехтливий знак. Яке має значення, звідки
    починати
Відхід: все написано усередину, до цього непевного знака,
Самочитального ієрогліфа, що тлумачить себе як Спазм і Сурма.

## 15 Sequences

With this tooth, growing secretly, taking advantage of my sleep,
So that one morning it can, perhaps shine suddenly, like
    a horrible weapon;
With a still decent body, despite the slower movement of its humors,
And despite that extra millisecond I require to react,
I can still attempt to bribe the most insignificant of angels.


The irritated gods of all my life, the fearsome and gracious spirits,
Who expect the firmest 'no' from me; the wheel
Rolling on its own, sped up by the wind and by the premonition
    of rain;
All the creatures who ever came to show me something,
Grow quiet and step back from me, as if writing in
    a different direction.


A regular rhythm, like in a Sudanese market, speaks of the same
    simple sadness
In a different way. The lost embassy of tungsten
Sends me a flickering sign. It doesn't matter where you start
The exodus: everything is written inwards, to this uncertain sign,
To this self-reading glyph, interpreting itself as a Trumpet
    and a Spasm.

IS

## Сфера

Чогось із носа йшла кров, ніби серце знову шукало із тебе
    вихід.
Я спочатку нічого не розумів, гадав, що ти плачеш,
Намагався спинити таксі, глузували ринви, мені аплодуючи,
Гасли квадрати кав'ярень, дорожні знаки вказували один
    на одного:
Дзвіночки і риби, золоті космонавти, склянка води
    з накришеним стеарином,
Збаламучена різдвяна іграшка. І ти – всередині різдвяної
    іграшки,
Яка виконує свою механічну радість. Піанола Марлен
Сама зіграє елегію хороброго снігу, сама приструнить погоду
    і візьме тебе на гачок.

Моя сферо, повна диму і вогнів, різної випадкової музики!
Серце і легені вібрують, як прикордонні мости, з ночі ще
    теплі і мокрі:
Бранці власного руху, опудала хмар, солом'яні бики.

# Sphere

Nosebleed for some reason—was the heart again looking for ways
    to exit you?
At first, I was not understanding a thing, thought you were crying,
Tried hailing a cab, the gutters guffawed, applauding me,
Square coffeehouses faded away, street signs pointed to one another:
Bells and fishes, golden cosmonauts, a glass of water with crumbles
    of candle wax,
A shaken snow globe. And you inside that globe
Which performs it mechanical joy. The pianola Marlene
Will play an elegy of brave snow, tame the weather, and then
    get you hooked.

My sphere full of smoke and lights, of all sorts of random music!
The heart and lungs vibrate like border bridges, still warm and wet
    after the night—
Captives of their own movement, fake clouds, straw bulls.

                                      VC

• • •

*M.R.*

Треба було легко відштовхнутися і пливти.
Розвернутий течією катер, над яким парувала
Кухня відлиги. А далі – двоє з них, розсідлані,
З випнутими лопатками, між які набралося трохи води.

Вони люблять лягати в намул, де закінчується
Очерет, і здається, ніби впали дві комети,
Загорнуті в чорний брезент, із якимись опорами,
З меридіанами ребер, що проглядають

Наскрізь. Тут діється їх незв'язна любов,
Посеред цілодобової обсерваторії трав.
Пташко вод, шпулько світла, гарцерику вітру,
Як водомірка – невагомо і точно – я переписую

Їх курсив.

• • •

*M.R.*

They had to push away gently and swim.
The motorboat, steaming in the middle of the thaw's kitchen,
Was turning with the current. Then, the two of them without
    saddles,
Water pooling between their protruding shoulder blades.

They like to lie down in the silt, where the reeds
Come to an end, and it looks like two comets have fallen,
Wrapped in black tarp, with some extensions,
With the meridians of ribs clearly visible

Under their skin. That's where their incoherent love happens,
In the round-the-clock observatory of grasses.
Oh, the bird of the waters, the coil of the light, the swaggering
    wind,
Like a pond skater—weightless and precise—I re-write

Their cursive script.

IS

•••

Америко, ти дала мені небагато.

*М.С.*

— Були дні, коли слова летіли, як вистрелені з найточнішої
зброї.

— Нас приймали міста, що росли у ніздрях вулкану,
і навіть померти
було так, ніби вдаряє в груди холодна хвиля.
Наші добрі ореґонські брати! Я танцюю,
як заведена іграшка, я маю за що вам дякувати.

Америка — о,
вона розставила свої міста так, щоб можна було
читати їх з будь-якої точки, щоб наша дорога
від озера до надгнилого ґанку була ніби злітна
смуга, завжди ними підсвітлена:
кілька найважливіших книгарень; сцена
з мідним мікрофоном; сузір'я Сяйливий Велосипед.

Не зупиняйся, продовжуй, Змійко,
відчалюй м'яко, а далі — як ошалілий катер:
*Бог не покине того, хто обрав його рейс.*

●  ●  ●

America, you gave me little.

—*M.S.*

—Those days, words were flying like bullets from
    the most precise weapon.
—We were welcomed in the cities that grew inside the nostrils
    of volcanoes,
and even dying
felt like a cold wave hitting your chest.
Our kind Oregon brothers! I dance
Like a mechanical toy, I have many things to thank you for.

America—o,
it arranged its cities, so that they
could be read from any angle, so that our road
from the lake to the rotting porch would be like a landing
strip, always lit up by those few special points:
a few indispensable bookstores; a stage
with a copper microphone; the constellation of the Shiny Bike.

Don't stop, carry on, Snake-girl,
take off softly, then speed up like a crazy motorboat:
The Lord will not abandon those who have boarded his flight.

IS

203

## Два вірші для Н.К.

## 1

Ще тільки шоста, а надворі вже панувало стільки світлистих
    королів!
Моя Сатанко!
Світло ніби пробивало наскрізь простирадло, мені стало
    соромно,
ненадовго,
там наче спали якісь водорості, під ковдрою було як усередині
прозорого кита,
і повір, я побачив там центр землі, який крутився, ніби червона
наклейка на платівці,
він смердів, як надпалена плівка, смердів рибою,
    котра не встигла
вирватися з-під пекучої мантії —
знаю, ти вже не спала майже дві години і встигла зробити
    сніданок,
який тепер стигнув на кухні,
і довго стояла біля мене, відчинила і зачинила вікно,
    і повернула
дітям м'яч,
що випадково залетів на веранду, але ж ти бачила те саме?
    Як скрізь
гаряче повітря?
І почула той гамір глибин, задушливих і райдужних?
    Інакше чого
ми ніби танцювали, зустрівшись поглядом — через мить,
    коли я
остаточно прокинувся?

## Two Poems for N.K.

## 1

It was only six, and outside so many luminous kings were ruling
    already!
My little Satan!
Light seemed to pierce right through the top sheet, I got ashamed,
briefly:
it was as if some seaweed was asleep there; under the blanket
    it was like inside
a transparent whale,
and believe me, I saw there the center of the earth that span like
    a red
sticker on a record,
it stank like singed tape, stank of fish that didn't have the time
to break out from under the burning mantle—
I know, you hadn't been sleeping for almost two hours
    and had time to make breakfast
that was now getting cold in the kitchen,
and stood next to me for a long time, opened and then closed
    the window, and returned
to the kids the ball
that accidentally landed on the porch, but didn't you also see
    the same things? Like through
hot air?
And heard that noise of the deep, airless, rainbow-colored?
    Otherwise why
did we seem to be dancing when our glances met—a moment later,
    when I
finally fully woke up?

VC

## 2

Вір мені, світелку.
Навіть коли –
коли з дна підходять тіні риб, іскристих у сонці – і я бачу їхній каламутніший
бік, плутаюся, палю наосліп – навіть тоді –
вір мені, світелку.

Зараз, коли, здається, цілий океан упав на маленьке місто,
шумлять дерева, перекачуючи прозору воду,
і ми наче бездомні, що впросилися переночувати в автоматичній пральні,
притихлі й щасливі серед повсюдного плюскотіння,
у танці на реї, у серці комети,
що повна старих імен і дат, раптово сплавлених в одне
    пекуче ядро,
розігнаних так, як лише ми можемо бігти у своїй любові.

Світелку, я не можу без твого дихання.

**2**

Believe me, sunshine.
Even when—
when from the bottom rise the shadows of fish sparkling
    in the sun—and I see their
muddier
side, get confused, shoot blindly—even then—
believe me, sunshine.

Now, when, it seems, an entire ocean has fallen on this small town,
trees rustle, pumping transparent water,
and we are like vagabonds who begged their way to crash
at a laundromat,
hushed and happy among the splashing noise all around us,
in the dance on a sailyard, in the heart of a comet
full of old names and dates, suddenly fused together into
    one burning head,
accelerated the way only we can as we run in our love.

Sunshine, I can't exist without your breathing.

VC

• • •

Тенісний стіл і сітка поміж дерев, маленька
розгойдана планета з витоптаною травою,
що розганялася кожного дня, ніби скрипучий атракціон,
і викидала нас просто у райдужну воду,
між бляшаний оркестр таємниць.

Всі ключі, які ми носили на шиї, всі марковані стежки,
змагання з розпалювання вогню, дні без їжі й води,
на самому вині, на самій любові, наші таємні місця,
значені світляками, змерзлі плечі й задимлені голови –
все наздоганяє нас і мовчить. Велика тиша копалень.

Тепер темніє о 4:40, я беру ліхтарик і шукаю те місце
біля ріки, де кохався зі Змійкою, з повітрям і землею,
і плетивом брунатних рослин, замкнутих у її подовгастому
тілі; і можна було би покликати, я знаю імена всіх,
сутру кожного закруту води, але голос ніби виселено

з легень за борги і нічний шум; і на цьому березі,
в пору, коли достигають каламутні плоди вольфраму,
я сам, безпорадний і вдячний, мов порятоване цуценя,
чую, як посудину, приготовлену для любові, заповнює
інша, глуха рідина, схожа на дощ у надірваній ринві.

• • •

A ping-pong table and a net between the trees, a tiny
rickety planet with trampled grass
that sped up every day like a creaky amusement ride
and dumped us right into the rainbow-colored water,
in the midst of the tin orchestra of secrets.

All the keys that we wore on our necks, all the marked paths,
fire starting contests, days without food and water,
with nothing but wine, nothing but love, our secret places,
marked by fireflies, freezing shoulders and smoke-filled heads—
all this catches up with us and keeps silent. The great silence
     of mines.

Now it gets dark at 4:40; I take a flashlight and look for that place
by the river, where I made love to the Little Serpent, to the air
     and to the earth,
and the tangle of tawny plants locked inside her elongated
body; and I could have summoned them, I know the names
     of each one,
the sutra of each of the turns in the water, but the voice seems
     evicted

from the lungs for the debts and the nighttime noise; and
     on this shore,
at a time when tungsten's cloudy fruits ripen,
I'm alone, helpless and grateful, like a rescued puppy,
I hear the vessel prepared for love being filled
with a different, muffled liquid that resembles rain
     in a hole-ridden gutter.

VC

## Tribute to Marcin Świetlicki

Погаси всі лампи, залиш тільки світло радіоприймача,

Невеличка пустеля світла, куди заслано арештовані
    радіостанції,
ліхтар, що автоматично засвічується
від найменшого поруху – коли приходить хтось звідти,
щоб постукати ключем об одвірок, нагадати про себе,
коли проходить кіт з усе ще темним у ньому ієрогліфом сну.
Виявляється, поруч була дівчина, яка тепер встає, щоб пошукати
іншу станцію, і ти дивишся на її велику незакінчену тінь,
не знаючи, в яку мить усе втратив:
коли в'їхав на нічне подвір'я і деякий час чекав,
    не вимикаючи фар?
коли вийшов і рушив слідом, ніби населений колоніями
фосфорних рибок, і не зламав кості світла, мовчання?
Чому ріка з усіма її вогнями не пролягла впоперек садової
    доріжки,
коли мене відтягував назад поршень берегового бризу, страх,
необов'язковість?
Невеличка пустеля світла, в якій я дрімаю, схилившись
    на кермо; хто ще
пробивається до мене по затихлій гортані вітру, чиє письмо
    зблискує
між гілок? І чи письмо?
Хто знає, що я ще не сплю, що я ще не висланий униз
    з ключами й порожнім
бутлем, і навіть засинаючи, все ще чую, як вони тяжко
    перекидаються в
постелях – Олександр,
Блаґа?

## Tribute to Marcin Świetlicki

Turn off all lamps, leave only the radio's light,

A small desert of light where the arrested radio stations are exiled;
a lamp that lights up automatically
at the slightest motion—when someone arrives out there
to knock on the door with a key, remind about oneself,
when a cat passes by, the hieroglyph of sleep still dark inside him.
It turns out, there was a girl next to you who now gets up to seek
another station, and you look at her large unfinished shadow,
not knowing when exactly did you lose everything:
when you drove into the nighttime courtyard and waited,
    not turning the headlights off?
when you got out and followed in the tracks, as if populated
    by colonies of
phosphorescent fish, not breaking the bones of light, of silence?
Why didn't the river with all its lights cut across the garden path
when I was being pushed back by the piston of seashore breeze,
    by fear,
by optionality?
A small desert of light, in which I nap, leaning against
    the steering wheel; who else
is making their way to me along the wind's becalmed larynx,
    whose writing flashes
between the branches? And is it writing?
Who knows I'm not asleep yet, I haven't yet been sent out
    with keys and an empty
canister, and even when falling asleep, still hear them turn heavily in
their beds—Oleksandr,
Blaga?

"Чому, – питаєш, – той, хто зупиняється на півдорозі сягає
      найдалі?"
Десь є міністерство відповідей, хтось повинен закінчувати історії.
      Але зараз
я повертаюся до вікна, залишаючи все недослуханим,
      і бачу тільки освітлене місце,
якусь яснішу місцину посеред трав,
неспроможний відірвати від неї очей, пропускаю твій відхід,
      твоє довге
стояння під лампою у передпокої, гриміння посудом,
      дзижчання блискавкою,
хтось посилає мені це світло і, певно, чекає відповіді, візиту,
      дзвінка,
але зворотної адреси нема, хіба що стояти й дивитися в небо
      або в ріку,
або, дописуючи рядки світляного скоропису, мовчати,
      зачинитися в кабіні, погасити фари,
мовчати.

"Why," you ask, "does the one stopping halfway reach the furthest?"
Somewhere there's a ministry of answers, someone must finish
    the stories. But now
I turn to the window, leaving everything
    not-heard-through-to-the-end, and see only a lit-up space,
a clearing in between grasses,
incapable of turning my eyes away from it, I miss your departure,
    your lengthy
standing under the entryway lamp, making noise with the dishes,
    the zipper's buzzing,
someone sends me this light and likely waits for an answer, a visit,
    a ring,
but there is no return address—one could only stand and peer
    into the sky or the river,
or, finishing lines of light-filled shorthand, stay silent,
close the car doors, turn off the headlights,
stay silent.

VC

## Самі лише замахи до гри

### I

Крізь прочинені двері не видно нічого.

Моя голова — ніби сак, яким хтось ловить нічного метелика,
розпалившись, вибігає надвір і ще трохи махає ним у повній пітьмі.
Поки він зупиняє руку і гасне, наче
вольфрамова нитка — починається вірш. Коли вертає
до столу, де світить жилка тремкої ріки — його вже нема.

# *Just Attempts to Play*

## I

Through the half-open door one can see nothing.

My head's like a net with which someone hunts a nighttime
     butterfly,
exited, runs outside and waves it around a little more in complete
     darkness.
When he stops the arm and fades like
a tungsten filament—a poem begins. When he returns
to the table where a quivering river's vein is shining—it's already
     gone.

VC

## II

Слина мого тіла була мені точною зброєю всі довгі липні й
    серпні,
коли світ крутився, як бульбашка в іграшці, коли сипала
    променями
виграна жменя монет, посилаючи сигнали тим із "клину,"
й вони підходили без страху до нашої відважної зелені,
    дощаного сховку,
повного іржавих ножів і сливових стріл. Дарма.
Кульгавий собака мав більшу владу, ніж весь кодекс симпатії,
чи як це сказати.

## II

My body's saliva was my precise weapon all those long Julys and
    Augusts
when the world span like a bubble inside a toy, when a handful
    of coins
I won cast rays all around, sending signals to those far away,
and they approached fearlessly our brave greenery, our rainy
    hideout,
full of rusty knives and plum arrows. In vain.
A limping dog had more power than the entire codex of sympathy,
or how to say it.

VC

# III

Як можна вирости з часу? Схитнутися на трухлявому молі й
зламати собі життя, як зап'ястя? Триматись пір'їни, яку хтось
кинув тобі дуже давно, й сміливо пірнати в зелену воду?
Вірю, що там, за порогами, також є хтось живий, може,
навіть ціле село безтямних плавців, жінок із роздутими міхами,
     дітей-
пеліканів, яких порятували капризні щоки. Ложа птахів із
цілодобовою поштою, що доносить одну й ту саму новину.
Перерви мене, якщо я не правий. Там нічого нема, самі
лиш світла, голограми, плюмаж, напахчений будуар,
     потрібний,
як лисому гребінь.

# III

How could one grow too big for time? Stumble on a rotten pier and
break one's life like a wrist? Clutch a feather that someone
threw you a long time ago, and bravely dive into the green water?
I believe that there, beyond the rapids, there's also someone alive,
        maybe
even an entire village of frenzied swimmers, women with bellows
        pumped full of air, pelican-
children saved by their fussy cheeks. A lodge of birds with
round-the-clock mail that delivers one and the same piece of news.
Interrupt me if I am wrong. There's nothing there, just
lights, holograms, plumage, a perfumed boudoir, of as much use
as a comb to a bald man.

                                                              VC

• • •

Досить напружити якийсь особливий м'яз – і ти вже там, смієшся
і крутишся, як однокрилка! Раніше я знав цю вправу.
Так може скипіти завжди покірна вода. Простий бунт води,
а все дзижчить, ніби розігнана пальцем платівка.

Це все було і могло повернутись – той колір світу,
надія, перекладена хлібом і мохом. Може, хтось
дзвонив, а я саме вийшов до кухні по якусь дрібницю?
Чи хтось намагався мене розбудити, дмухаючи в обличчя?

Як себе описати? Як тепер себе описати? М'ясо,
що багато разів помилялося формою?
Попереду ще дві галявини різної площі, зі смугами
сонця, з чужим взуттям, де живуть покоління безсонних мурах.

• • •

It's enough to flex some special muscle—and you're already there, laughing
and spinning as if you had only one wing! I used to know this exercise.
This is how the always obedient water suddenly boils. A simple rebellion of water,
and everything hisses like a record sped up with a finger.

All this did happen and could come again—that shade of the world,
hope interlaced with bread and moss. Perhaps someone
rang on the phone just when I stepped into the kitchen for something?
Or someone tried waking me up blowing air into my face?

How can one describe oneself? How do I describe myself now? Meat
that on many occasions erred with form?
Up ahead there are still two clearings of different size, with stripes
of light, with someone else's shoes populated by generations
of sleepless ants.

VC

# 4:25

*З думкою про Приможа Чучника*

Яка ще сила спиняє мене щоразу на лінії нечітко окресленого
    узлісся,
серед сонячних місцин і тіней, невидимої грибниці,
що зачинає і народжує, мов шуліки, в повітрі?
Яка сила виштовхує супроти мене м'яч,
що ним, певно, грають діти на поки що невидимій мені галявині,
і жене низько над землею повну вітром шапку, що злетіла, певно,
з голови поки що невидимого мені чоловіка, задивленого високо
в архітектуру крон?
І тоді, в один з тих небагатьох днів — яка сила
гнала нас через застигле місто, щоб наприкінці ми опинились
    на березі,
з іще кількома, що так само задерли голову і відбились
    у серпі світла?
Я теж не знаю, коли доля проступає хоча б у своїх
    найнепевніших контурах.
Уві сні? Чи під ранок, коли йдеш на дзвінок чи стукіт,
ловлячи знаки, вмикаючи світло? Коли виливає невідома земля,
повна танцю і мови?
Закінчується нічна зміна, щораз швидше починає обертатися
    двигун;
на сон, як і любов, можна проектувати фільми, можна називати,
трощити, писати люмінесцентною фарбою, можна
    пропускати крізь них
рентгенівські промені. Можна уявити їх листям лавру.
Є все-таки дещо більш матеріальне — дорога, яку я проходжу
    швидко, безпам'ятно,
ведений якоюсь плутаною, незв'язною радістю,

## 4:25

*Thinking about Primož Čučnik*

What is the force that stops me every time at the line of
    a forest's indistinct edge,
amidst sunny spots and shadows, an invisible mycelium
that conceives and gives birth, like falcons, right in the air?
What force pushes in front of me a ball,
probably played with by children at a clearing I still cannot see,
and pushes low along the ground a hat full of wind,
    probably blown off
the head of a man I still cannot see, lost in contemplation of tree
crown architecture above him?
And then, in one of those rare days—which force
pushed us across the still city, so that we'd end up at the shore,
with a few others, raising their heads just like us, reflected in
    the sickle of light?
I also don't know when fate reveals itself, even in its vaguest outlines.
In our dreams? Or close to the morning, when you answer
    a doorbell or a knocking,
trying to figure out signs, turning on lights? When an unknown
    land appears,
full of dance and speech?
The night shift ends, the engine begins spinning faster;
on sleep, like on love, one can project films, one can name,
destroy, paint in day-glow colors, one can send x-rays
through them. One can imagine them as laurel leaves.
There is though something more tangible—the path I walk on,
    fast, not self-consciously,
led by a confused incoherent joy,

неспроможний втрутитись у залізничний розклад, за яким потяг
завжди прибуває сюди о 4:25,
вільний, отже, від звинувачень і виправдань, напівпрозорий,
      ніби намокле вітрило,
порожній, як тростина,
відкритий, погаслий, невловимий.

incapable of messing with the railway timetable,
    according to which the train
always arrives here at 4:25,
free, therefore, from both accusations and exonerations,
    half-transparent, like a wet sail,
empty, like a reed,
open, extinguished, elusive.

VC

## До чиїх воріт ми гнали м'яч у пітьмі

До чиїх воріт ми гнали м'яч у пітьмі,
коли вже неможливо було відрізнити вершечки крон
від далеких хребтів?
Зоран каже повертати, далі монотонна ріка. Бобри
ї їхні темні скарби, більше нічого, залишки старих
річкових купалень. Запалені простирадла розлякують
тіней, коли ми, змучені, думаємо лише про постіль і паливо.
Сонячні сплетіння освітлювали ближні кімнати лісу, зачинений,
задовбаний санаторій, страх, усі знаки, які ми вміли прочитати,
ми помічали музику й хотіли танцювати. Якісь
розкидані бляшані інструменти грали на наших очах.
"Тепер ніхто тут зі мною не розмовляє. Тут кажуть про халіфат."
Є розбита цегельня, над якою горить секстант і біжать
сяйливі хорти. Зоран і Зорана у пряниковому будиночку,
        а далі
застави вод, хтось ночував на покинутому блок-пості,
        хтось бачив
дітей. Нещасливий меридіан, якщо всьому повірити.
Запалити секстант, прикликати ангелів, постелити їм у
        старій цегельні,
я кажу це Зоранові. Народ орлів, яким
греки кажуть брати в рот на своєму кордоні; я чую, як
важко у скронях перекидається кров. *"Dirty boots"* і
        використані коні,
діти, яких народили на колесах, і спеціально запрошені
        музиканти,
мішки, в яких за одну ніч борошно перетворюється на пісок,
і вино, якому нема дороги назад, усе придумане синім оком, що
блимає у правому горішньому куті? Радіоперешкоди говорять із

### To Whose Gates Did We Chase the Ball in the Darkness

To whose gates did we chase the ball in the darkness,
when couldn't anymore distinguish the tops of the trees
from the distant mountain ranges?
Zoran says, time to turn back, further ahead just
        a monotonous river. The beavers
and their dark treasures, nothing else, remnants of old
river baths. Bedsheets on fire scare away
the shadows when we, exhausted, think only of bed and heating.
Solar plexuses lit up the forest's nearby rooms, the shuttered,
screwed up spa, the fear, all the signs we could read;
we noticed music and wanted to dance. Some
scattered tin instruments played in front of our eyes.
"Now no one here speaks to me. Here they speak about
        the caliphate."
There is a smashed-up brick factory, above which shines
        a sextant and
radiant hounds run by. Zoran and Zorana in a gingerbread house,
        and then
water gates, someone spent the night at the abandoned checkpoint,
        someone saw
children. An unhappy meridian, if one believes it all.
Fire up the sextant, summon the angels, make beds for them
        at the old brick factory,
I tell this to Zoran. A nation of eagles, who
are told by the Greeks to suck it at their border; I sense
the blood pulsating heavily at the temples. "Dirty Boots"
        and spent up horses,
children born on the road, and the specially invited musicians,

нами мовою духів? Ненависть, що не дає заснути, і жене
    серед ночі
на кам'янисті горби, і каже палити у витріщене небо.
    У яке віконечко
скаржитися на страх?
Шматки мідних трубок дзвонять у гіллі вже цілком голого
    дерева.
Осінь приходить сюди, як конверт із віхтем трави,
    що запалюється
сам, і горить,
і не гасне, і танцює у пітьмі, як вогняна легеня, і грає
    з пітьмою
в якусь незрозумілу гру.

sacks inside which in one night flour turns into sand,
the wine for which there is no return—all this thought up by
   the blue eye that
flashes in the upper right corner? Do the radio jams speak to us
in the language of spirits? Hatred that doesn't let you fall asleep
   and sends you in the middle of the night
to the stony hills, and tells you to shoot at the staring sky.
   At which window
do I complain about fear?
Fragments of copper pipes ring in the now entirely naked
   tree's branches.
Fall arrives here like an envelope with a handful of grass
   that ignites
on its own, and burns,
and doesn't fade away, and dances in the dark like a fiery lung,
   and plays some incomprehensible game
with the darkness.

                                                            VC

• • •

Мапа Ґренландії світила над нашим ліжком усі літні ночі,
Ніби сузір'я Тюленя чи довгастий глибоководний маяк.
Чому крізь товщу води не видно м'язистого механізму,
    який точно там працює?
О боже, якісь голоси, якась інша розмова точиться в твоєму
    тілі такою порою,
І я зриваюся, злитий холодним потом, слухаю, як він гупає,
    досконалий, один на всіх.

• • •

The map of Greenland shone above our bed all those
    summer nights
Like a constellation of the Seal, or an elongated deep-sea
    lighthouse.
Why can't one see through the thickness of water the muscular
    mechanism that for sure works down there?
Oh my god, some voices, some other conversation is happening
    inside your body at times like this,
And I jump up, drenched in cold sweat, listen to it beating,
    perfect, one for us all.

VC

*Нові вірші*

*New Poems*

• • •

Кухня свободи – брудна
і засмічена, вибач. Лише щасливці
встигають за собою прибрати.
Лише найщасливіші з щасливців
тут готують для себе.
І все ж
тут неможливо прийти на все приготоване,
бо немає їжі, яка псується швидше,
аніж свобода.
І ті, що лишили на стінах свої рецепти,
знали, скільки разів доведеться
починати спочатку.
Ще одне покоління спалених каструль,
диму й пожежних драбин
для опівнічного відступу.
Ще одне покоління життя.
Як тіні, ми прослизаємо повз
чисті вітрини бістро, де під неоном
чекають на їжу чоловіки і жінки
в підозріло схожому одязі.

• • •

Freedom's kitchen is messy
and grimy, sorry. Only the lucky few
manage to tidy it up after cooking.
And only the luckiest ones come here
to cook their own meals.
Yet
you can hardly just walk in and find your food ready,
because there is no foodstuff as perishable
as freedom.
Those who had scribbled their recipes on these walls
knew they would have to start over
time and again.
Another generation of charred saucepans,
of smoke and fire escape ladders
used for midnight retreats.
Another generation living.
We glide like shadows by the bistro windows
where under the neon lights,
women and men are waiting for their orders,
their clothes suspiciously alike.

IS

## Як дерево, що не існує без полум'я

Безконечність – зайва,
як пустир перед вікнами, де вічно гуляє пил
і сплять бездомні собаки. Колись
надто близько до безконечності
побудували доми наші батьки.
Надто довго ми дихали нею, спали з нею
в обіймах, носили її в кишені, ніби каштан,
подарований дівчинкою, яка – коли б не життя –
стала б нашим життям.
Вона випадає нам з горла, коли ми співаємо,
випадає нам з рота, як хрип, коли треба назватись,
випадає з кишень, коли їх вивертають оті
на кордонах. Вони знають, що нас не можна впускати,
бо з таким багажем
для нас всі кордони внутрішні, тобто неподоланні.
Ми лишали б її після себе, навіть якби вміли
за собою прибрати. Як газ, невидима,
вона спалахує від найменшої іскри,
що між нами проскакує, і не хоче загаснути,
і чіпляється за нас, як потопельник, як полум'я,
що не існує без дерева,
або як дерево, що не існує без полум'я.

## Like Wood Without Fire

Infinity is redundant,
like an empty plot outside your windows where dust swirls
and stray dogs sleep. A long time ago,
our parents built their homes
too close to infinity.
We have been breathing it for too long. We hugged it
in our sleep, carried it in our pockets like a chestnut,
a gift from a girl who could—were it not for life—
become our life.
It pops out of our throats when we sing,
drops from our lips like a croak, when they ask our names,
plops on the floor from our pockets turned out
by the border guards. They know they can't let us in,
not with the baggage we carry, because with it,
all the borders for us are but inner ones—that is impossible to cross.
We would keep it close at hand even if we knew
how to keep our place in order. Invisible, like gas,
it catches fire from the smallest spark
that runs between us, and refuses to go out,
clings to us, like a man drowning, like fire
that can't be without wood,
or like wood that can't be without fire.

IS

237

• • •

Колись між любов'ю й ненавистю
були ліс і будівлі.
Тепер ліс поламано і будівлі спалено.
Між любов'ю й ненавистю ходимо навпростець.
Ясність така раптова, що не всі встигають замружитись
і лягають, осліплені, у садах на окраїнах.
А ті, що встояли, мають вуста, ніби медом заліплені
і повторюють лише слова любові й слова ненависті.
Так,
ми — посланці пласкої землі, наш єдиний словник — це
словник антонімів.
Вибачте всі, хто чекає від нас нюансів, хто приїхав сюди
робити кольорові фото.
Ваші зусилля підуть намарне, як намарне пішли
вінки наших надій, роки збирання каміння, розмови
за низькими столами на ясно освітлених сценах.
Вибачте. Ось наш рентгенівський знімок. На ньому —
кості і плоть. Іншого нині з собою не маємо.

●  ●  ●

*It's easier now that the war has finally started.*

—Kateryna Kalytko, "Less Than 24 Hours Before the Start of the War"

Once upon a time, between love and hatred,
We had some houses standing and a forest growing.
Now, the forest is in splinters, and the houses burnt.
Now, we take a shortcut from love to hatred.
Everything is so bright and clear that some failed to squint
And had to lie down, blinded, in the orchards, at the outskirts
        of our cities.
While those who endured have their lips glued together,
        as if with honey.
All they can say are the words of love and hatred.
Yes,
we are the messengers of the flat Earth, our only dictionary
is the dictionary of antonyms.
Apologies to those of you who expected a more nuanced approach,
        who arrived here
to snap some color photos.
You will waste your efforts, just like we wasted
our wreaths of hopes, our years of gathering stones, our talks
behind long tables on brightly lit stages.
Sorry. Here is our X-ray. It shows
flesh and bones. That's all we have.

IS

239

# The Translators

**VITALY CHERNETSKY** is a Professor of Slavic Languages and Literatures at the University of Kansas. A native of Odesa, Ukraine, he received his Ph.D. from the University of Pennsylvania and has been translating poetry and prose into English since the mid-1990s. His translations into English include Yuri Andrukhovych's novels *The Moscoviad* (2008) and *Twelve Circles* (2015) and a volume of his selected poems, *Songs for a Dead Rooster* (Lost Horse Press, 2018, with Ostap Kin), a book by the Ukrainian artist Alevtina Kakhidze, Zhdanovka (2006), and two children's books by Romana Romanyshyn and Andriy Lesiv, *Sound* (2020) and *Sight* (2021). Translation of Sophia Andrukhovych's novel *Felix Austria* is in press from Harvard.

**IRYNA SHUVALOVA** is a poet, scholar, and translator from Kyiv, Ukraine based in Oslo, Norway. She is the author of five award-winning books of poetry, including *Pray to the Empty Wells* (Lost Horse Press, 2019) available in English. Shuvalova's work has been translated into twenty-five languages, appearing in *Literary*  *Hub, Modern Poetry in Translation, Words Without Borders,* and others. She translated into Ukrainian the works of Ted Hughes, Louise Glück, and Alice Oswald and produced English renditions of Ukrainian modernist poetry, including that of Mykola Bazhan, Iurii Klen, Pavlo Fylypovych, and Mykola Zerov. She holds a PhD in Slavonic Studies from the University of Cambridge and an MA in Comparative Literature from Dartmouth College. She is currently a Postdoctoral Research Fellow in Ukrainian Studies at the University of Oslo.